社長って何だ！

丹羽宇一郎

講談社現代新書

2552

はじめに――リーダー不信の時代に問う

この夏のことです。職場の事務所から出て地下鉄の駅に向かって歩き出したところ、突然、足が動かなくなりました。一歩も足が前に出ません。仕方なくタクシーで帰宅し、病院で受診したところ、即入院を宣告されました。

腰をひどく痛め、退院後も人生初の自宅療養を余儀なくされました。八〇という年齢を顧みず、休みなく仕事を続けてきた無理がたたったようです。

これを機に、ここ二〇年間の日記をパラパラと拾い読みしてみました。二〇年前と言えば、私が伊藤忠商事の社長を務めていたころです。愕然としました。

二〇年前も一〇年前も今と変わらない生活をしているじゃないですか。総じて同じような時刻に起きて、同じようなものを食べ、同じような人に会って……いや、生活だけではありません。ものの考え方や書きつける言葉ばかりか、内容さえもまったくと言っていいほど変わっていません。

約二〇年前、最初の著書『まずは社長がやめなさい』の中で、私は日本の将来に対する危機感を次のように訴えています。

〈企業の経営者は大きな夢や目標に挑む意欲や気力を失って小さな安逸に埋没している。グローバリゼーションの荒波が押し寄せるなか、変わることを恐れて世界に取り残されつつある。社会のリーダー、わけても企業の社長は日本の未来を見据えて変わらなければいけない。それなのに社長の器は小さくなるばかり。そんな社長は早く辞めなさい〉

この危機感は今に至るも何ら変わっていません。いやむしろ年々強まってさえいます。世界を動かしているのは人間です。日本は、そして世界は変わらなければならないと繰り返し唱えてきた当の本人が変わらずして、どうして社会や経済に変化を要求できるでしょうか。

二〇一九年八月、アメリカの大手企業経営者でつくる「ビジネス・ラウンドテーブル」は従来の「株主第一主義」を見直し、従業員や顧客、地域社会の利益を尊重した事業運営に取り組むという声明を発表しました。本気ならば、投資家の利益を優先してきたアメリカ型資本主義の大転換です。

一方、アメリカ型経営に追随してきた日本の上場企業は未だに自社株買いを加速して、株主重視の姿勢を打ち出しています。日本の経営者の周回遅れの時代認識を如実に示しています。変わるべき時に何も変わっていないのです。

もはや一刻の猶予も許されません。今こそ重ねてリーダーたる社長の精神革命を訴えるべきだと考えました。


私が社長を務めたのは一九九八年から六年間です。

いくつもの難しい判断を迫られたなかで、最大の決断は会社が抱える不良資産をすべて洗い出し、一括処理したときでした。

バブル崩壊後、日本中の企業が巨額の不良資産を持ちながら見て見ぬふりをせざるを得なかったのか、現実に目を背けていた時期です。業界で最大規模となる三九五〇億円の特別損失を計上し、無配に転落しました。

「会社が潰れたらどうするんだ！」という内外からの猛烈な反対に抗しての措置でした。

一〇〇〇社に及ぶグループ会社の半分を整理するという苦渋の選択でもありましたが、「このまま変わらずにいれば会社の未来はない」という切迫した思いに突き動かされた末の決断でした。

疾風怒濤の日々のなか、いつも抱いていたのは「社長とは何か」という問いでした。会社を改革するために社長は何をなし、そのためにどう変わればいいのか。

私の挑んだ壮大な実験は当時、企業の構造改革の成功例としてもてはやす人もいましたが、その後、日本の企業風土は改善したのか、国家の展望は開けたのかを顧みれば、今あらためて「社長とは何か」と問わざるを得ません。


みなさんも疑問に思っているのではないでしょうか。不正会計や検査データ改ざんなど大手企業の不祥事が相次いでいます。不正が発覚するたびに謝罪会見で深々と頭を下げているリーダーや社長とはどういう存在なのか。

あるいは、そうした不祥事をきっかけに大企業経営者の役員報酬が注目されていますが、飛び交っているのは一般庶民には縁のないケタ外れの金額です。これだけ巨額の報酬を手にする社長とはいったい何者なのか。

本書はそうした問いに対する私なりの回答です。


利益を生み出す事業をどのようにつくり出せばいいか。

不正や不祥事を防ぐための有効な手立てはあるのか。

舵取りを委ねるべき後継者はどのように選べばいいか。

そもそも社長にはどんな資質が求められ、どういう理念をもとに行動すればいいのか。

社長にしかわからない困難があり、また醍醐味があります。自分の経験を振り返り、これからの時代に向けて、社長と社員が変わり、会社と日本が変わるためにはどういう心得と実践が必要かを幾度も反芻して考えてみました。

本書では会社を率いるトップを「社長」あるいは「経営者」と表現しています。しかし、これは時と場所によっては、部長や課長といった各部署のリーダーに置き換えることも可能です。

会社組織に限りません。政治、経済、教育、スポーツ、世界中のあらゆる分野で、かつてのエリートや知識層と言われるリーダーに対する不信感、各国の政府に対する怒りが渦巻いています。

日本人は本来、すぐれた資質を有しています。その能力をどう伸ばし、どう生かすかはリーダーの双肩にかかっています。日本の未来を拓くためリーダーの意義と役割が厳しく問われているのです。それについてあらためて考えるよすがになればと筆を執りました。

現場の雰囲気をよりリアルに感じ取っていただくために、実際の話し言葉をそのまま使った会話をこれまでにないほど随所に盛り込みました。どの章から読んでいただいてもかまいません。私の半世紀に及ぶ仕事と生活の実際を共有していただきながら、みなさんと一緒に検討していくことができればと思います。

社長って何だ。
トップって何だ。
リーダーって何だ。

世界は大きく変わろうとしています。一緒に考えていきましょう。

目次

第二章　資質と能力――畏れを知るべし

第三章　報酬と使命——社長で稼ごうとは思わない

第四章 自戒と犠牲――ビジネスは義理人情で動く

第五章　信頼と統治——人のつながりが不祥事を防ぐ

第一章　孤独と覚悟——攻めと守りを同時に行う

自分を完全に捨てる

私が社長に就任したのは一九九八年四月です。バブル崩壊で景気が後退し、日本の企業全体が業績悪化に青息吐息の時期でした。

不良債権の増加や株価低迷の影響で、三洋証券をはじめ北海道拓殖銀行、山一證券が経営破綻し、日本長期信用銀行、日本債券信用銀行が国有化されるなど日本経済に猛烈な逆風が吹いているさなかです。

私自身は自分が社長になるだろうとも、なりたいとも思っていませんでした。そもそも社長はなりたいと思ってなれる職制ではありません。ただ、危機に瀕している会社を何とかしなければいけないという思いに駆られていたのは確かです。

当時の社長から社長就任への打診を受けたとき、いったん返事を留保しました。

「ちょっと考えさせてください。相談したい人がいますから」

社長になる選択を私が先延ばしにしたのは、それが「自分を完全に捨てる」ことを意味しているからです。

おれにそれができるのか？

自分の都合や私情はもう通らない。「会社第一」「社員第一」が求められます。例えば会社が緊急事態に直面した時は、たとえ家族が地震や火災に遭っていても後回し、何をおいても会社の仕事を優先せざるを得ません。

「社長になって自分に得になることがあるのか」

そんなことを考えて引き受けるのだとしたら、会社ばかりではなく社員にとっても大いに迷惑です。

とはいえ、自分や家族よりも会社や社員を大事にすることとは、言うは易く行うは難し、実際にはなかなかやり通せることではありません。

ただ、人間には宿命というものがあります。本人は社長になろうなんて思っているわけじゃない。けれども私が断れば社長は頭を抱えるだろう。会社の未来を託されて逃げるわけにはいかない——。社長に就く人には大なり小なりそうした思いがあるはずです。

自分はもう決めた。覚悟はできている。けれども自分の選択は正しいのかどうか、信頼できる経験者に確かめたい。そう思いました。

私には人生を左右する重要な決断をするときに相談する先輩が一人だけいました。あえて名前は申し上げません。名前を聞けば、誰もが知る企業のトップです。私がまだ駆け出しのころに出会い、大いに学ばせていただきました。なんでも腹蔵なく語り合い、二人でニューヨークの夜を飲み歩いたりもしました。

「社長をやれという話をいただきました。自分でも考えてみましたが、やっぱり引き受けざるを得ません。大変な務めだと覚悟していますが、やってみようと思います」

明るい声が返ってきました。

「いいじゃないか。やりなさいよ。あなたがやらなくて誰がやるんだ」

ポンと背中を押されたように感じました。

利益の根源を探る

社長時代に人生最大の決断を迫られたのは、莫大な不良資産処理の問題です。その直前の副社長時代には、西友グループからのファミリーマート株取得という会社始まって以来の巨額の投資事業を手がけました。

この二つのプロジェクトについては、これまで何度か著書に書き、語ってもきましたが、ここでもあらためて記します。

この一連の経緯では、チャレンジ精神、決断力、克己心、統率力、洞察力、倫理観、使命感など経営者に求められるあらゆる資質が問われたからです。それらを「社長って何だ」という視点から、あらためて考えてみたいのです。

バブル崩壊後、不良資産を抱えて商社が儲からなくなってきたころから、私は商社の利益の根源はどこにあるかを考えていました。それまでの商社は農産物や鉄、石炭といった生産資源を海外から買い付ける仕事に力を入れていました。

資源トレーディングの収支が悪化すると、商社の利益は急落します。もう「原料の運び屋」としてモノを右から左に動かして利益を得る時代は終わったのではないか。

もっと新しいビジネスを開拓していかなければ商社の未来はない。これからの商社はあらゆる分野に投資して、これに関与していく必要がある。例えば小麦なら、小麦を育てるところから、小麦粉を作り、小麦粉を加工してパンを作り、スーパーやコンビニなどで売るまで。すなわち川上から川下まで一気通貫で扱えば、小麦の市場が不調の場合にもパンやうどんは売り上げを伸ばせるなど、上・中・下流のどこかで商機を見出せます。

そこで私が着目したのがコンビニエンスストアです。当時、コンビニは破竹の勢いで出店数を伸ばしていました。今後さらに伸びる可能性があり、新商品を開発する潜在能力を多分に有していました。

これからの利益の根源は川下の消費者、コンビニにある。そう考えて、九〇年代前半には食料部門の戦略の一つとしてファミリーマートに着目し、株式を少しずつ取得し始めました。

私には、これからは「消費の時代」が来るという確信がありました。そして副社長のとき、有能な若者の力も得てファミリーマートの買収を決断したのです。

当時、会社は再建途上でした。溜まりに溜まった不良資産を少しずつ処理し、リストラも進めていました。その結果、九八年三月期は一四二八億円の特別損失を計上し、実に二〇年ぶりの大幅赤字に転落する非常事態に直面していました。

一方で不良資産処理やリストラを進めながら、他方で前代未聞の巨額投資によって株を取得する戦略です。

「矛盾した経営だ」

「ちぐはぐで無謀だ」

と内外から激しい反対に遭いました。

しかし、ここで引き下がるわけにはいきません。勝負をかけていかなければ、食料部門としてはもう立ち直れないかもしれない。収益構造を変革し、儲けを生み出す仕組みを作ることは喫緊の課題でした。

未来を切り拓くチャンス

私の選択について、当時、会社で特別顧問をしていた瀬島龍三さんに呼びつけられたことがあります。

彼は太平洋戦争時の大本営の陸軍作戦参謀という経歴を持つ人物でした。一一年間のシベリア抑留を経て入社した伊藤忠を総合商社に発展させて、近代組織に要する管理体制を築いた、ある面では中興の祖と言えます。中曽根内閣のブレーンとして活躍し、山崎豊子の小説『不毛地帯』の主人公のモデルにもなった要人です。

気合を入れて単身、その部屋を訪れると、開口一番言われました。

「君のビジネスは無茶苦茶だ。守りと攻めを一緒にやっているようなもんじゃないか」

元軍人らしく、そんなふうに批判されました。この時はまだファミリーマート株を手中に収められるかどうかわかっていません。会社の存亡を賭けた投資です。「無茶苦茶だ」との指摘もわからないではありません。しかし、ここは勝負どころです。

「確かに戦争の時に軍隊が攻めと守りを同時にやるわけにはいかないでしょう。しかし経営は軍隊とは違います。攻めと守りを別々にするというルールはありません。守りだけを進めていると、会社は縮む一方です。チャンスがある時には攻めも守りも同時にすべきです。市場経済へのいち早い対応は、わが社の命運を左右します。この事業は、わが社の未来を切り拓くための絶好のチャンスです」

経済界における「攻め」とは、事業の拡大であり、買収であり、投資です。「守り」とは事業の縮小であり、子会社の売却であり、社員の整理です。苦しい経営環境の中では、トップは縮小・売却・整理で「守り」を固めようとしがちです。

しかし、守るだけなら経営はさほど難しくはありません。社長は利益の根源を作って雇用を守らなくてはならないのです。

彼は極めて明敏な頭脳の持ち主でした。こちらの説明の趣旨と要点を即座に理解されたようでした。しかし、私の選択に納得したかどうかはわかりません。ただ、いくら反対されても、私は断固やり抜こうと肚を決めていました。それが将来の会社に対する唯一の道であり、貢献だと信じて疑いませんでした。

「失敗したらクビになるな」

そう覚悟しました。そうなれば、自分はファミリーマートに行って陣頭指揮を執るつもりでした。

決着をつけるときの鉄則

契約が決まった時のことは今でも忘れません。一九九七年の年末ですから、私が社長になる数ヵ月前です。東京・池袋サンシャインビルの最上階にある部屋でした。

相手はオーナーの懐刀で、西武百貨店を立て直した、一世を風靡する優秀な経営者です。買収額が双方の合意に至らず、にらみ合いが続きました。

先方は当然、少しでも高く売りたいと考えます。しかし、こちらは提示額を上げるつもりはありません。互いに腕を組んだまま一言もしゃべらず、時間が過ぎていきました。相撲で長時間の取り組みが続いて水が入る時と同じ状態です。もう一歩も前に進まない。こうなったら、相撲では辛抱しきれずに動いたほうが負けです。内心、相手が動くまで絶対に動くものか、と思っていました。

いざというときには動いてはいけない。これはビジネスで決着をつけるときの鉄則です。弱い犬ほどよく吠えるとも言います。動かないのは、こちらの意思が固いことを相手に伝える一つの手段です。席を外したりして動けば、迷っていることを相手に悟られます。「ああ、気持ちが揺れているな」「誰かに相談に行ったな」という弱みを見せた瞬間に勝負がつくのです。

そうするうちに、とうとう堪え兼ねた相手が動きました。

「ちょっと失礼する」

と言って席を外されたのです。この時点で私は心のなかで「勝った」と思いました。

案の定、話は進みました。

「やりましょう」

こちらが提示した一三五〇億円で西友とその関連会社が保有するファミリーマート株を

取得できました。伊藤忠グループとして持ち株比率が三〇・六％、筆頭株主となりました。会社始まって以来の大きな投資です。結果的に買収は成功し、自社の流通事業を一挙に拡大することになりました。

銀行だって私企業だ

経営において「攻め」と「守り」のタイミングは、会社の将来を決める重要事です。経費削減や子会社売却など「守り」に入っていると、売り上げは下がるものの、とりあえず利益率は維持できることで、ひとまず急場をしのげたと安心します。しかし、利益を生み出す源泉をつかんでいないと、売却益は債務の支払いのため銀行に入り、新しい投資資金にはなりません。つまり会社の縮小を余儀なくされます。こうして縮小均衡を続け、最も貴重な財産である人材をいずれ手放さざるを得なくなってしまうことになるでしょう。

経営者から大きな投資に関する相談を受けたとき、私はこうアドバイスすることにしています。

「まず、どこを攻めるかを決めてから守ることです」

どういうことか。このように説明します。

あなた方はまず売ろうとする。なぜ売るかと言えば、借金を重ねて投資に回すお金がないからだ。ところが投資先を決めていなければ、多少安くても売ってしまうことになるだろう。つまりは、買い手に買い叩かれることになるのだ。

すると今度は投資したい時に十分な資金を調達できない。資産を売却したとなれば、返せるだけのお金しか銀行は貸してくれない。投資しようにも、銀行側は「そんなお金は出せません」となる。銀行を当てにするなかれ。

まず「ここに投資をしたい」という「攻め」の対象を決めて、それから資産を売るという「守り」に入ることです。そして、こう切り出すのです。

「ここに投資しなければ、弊社の未来は切り拓けません。私どもは社の命運をかけて、この事業に臨む所存です。そのために貴重な資産を手放すのです。だから決して値引きはできないのです」

そこからはプロジェクトを必ず成功に導くために不退転の決意で臨みます。

社長はいったん決断すれば周りから何を言われようが、絶対的な自信を持ってやり遂げなければなりません。計画はいつも狙いどおりに進むわけではありません。いや、進まないことのほうがむしろ多いでしょう。

だからこそ社長には絶対的な信念が必要になるのです。

助言を請う相手はいません。いくら外から情報を仕入れても、いざというときには役に立たないでしょう。その事業にはその事業固有の時勢、環境、条件があり、前例は基本的には通用しないからです。私にしても、周りの意見に耳を傾けながら判断をぐらつかせていたら、改革を成し遂げることはできなかったでしょう。

決断するときにもっとも頼りになるのが、「世間の常識」です。普通の生活をして、普通の人と接して、人々の暮らしに根付いた声にできるだけ耳を傾けます。

そして、状況を客観的に分析し、死にもの狂いで取り組めば、最後は運が味方をしてくれる――。社長の狂気にも似た確信がなければ、いざというときに判断が揺らぎます。

その意味で、社長の絶対的な確信は、「常軌を逸している」と思われるかもしれません。まさに狂気と紙一重。重要な決断を下す時、社長は狂うがごとき気迫と確信を持たなければならないという意味です。

お金は追いかけると逃げていく

「攻め」と「守り」の順序とともに、もう一つ心しておきたいのは「お金は追いかけると逃げていく」ということです。昔から言われている警句であり、私の体験から得た経営哲学でもあります。

「お金を追いかける」というのは、常にお金中心に物事を見て、お客様や世間にも益となる「三方よし」の精神もなく、自己の利益になるかどうかの損得勘定だけで判断することです。つまり、いつも「お金を儲けること」しか念頭にない。

ところが、「どう儲けるか」も明確にわからないままお金に執着するとなると、お金を貯めようとひたすら支出を抑え、他を考える余裕もない。これでは大きな果実など絶対に得られません。

私は若いころから「お金を貯める」ことを知らず、社長になる時も会社の株は一株も持っていませんでした。

「有価証券報告書で社長が保有する自社株ゼロと開示されるのは、いくらなんでもまずいだろう」

そう言われて、まず三〇〇〇株を買うことから始まりました。

お金は有効に使うことをもって旨とすべきです。若いころはどんどん自分に投資すべし。初任給で年収三〇〇万円の一割を貯金すれば三〇万円。三〇万円を貯めるために、本も買わず、お酒も飲まず、何の刺激もなく頭を空っぽにして、いったい何をするつもりですか。

だったら、うまいものを食べてもいい、旅行してもいい、習い事をしても資格を取ってもいい。結婚して子どもができるまでは自分のために有意義に使ってしまいなさい。それがすべて仕事をする活力につながります。若いころに切り詰めて貯めた小銭など、部長や役員になれば、あっという間に貯まります。

会社経営も同じです。

「今年は一〇〇億儲かったので、五〇億ほど貯金に回そう」

一見堅実に思えますが、そんな発想では会社はしぼんでいくばかりです。仕事に身を尽くして儲けても、儲けた分はすべて貯金に回されて、自分たちの暮らしに何も恩恵がないとなれば、社員のやる気も尽き果てます。

ここは、社員みんなの給料をぐんと上げて活力に変えていく。それが結果的に会社の未来につながっていくのです。

見たくないものから目を背けない

そんなふうに前向きな気持ちで経営に当たらなければ、会社は立ち行きません。

バブル崩壊で会社が溜め込んだ不良資産にしても、当時は騙し騙し少しずつ処理することが堅実に思えたかもしれませんが、それが実は会社全体の士気を奪っていたのです。

社員は社長以上に自分たちが多額の不良資産を抱えていることを、うすうす感じています。バブルが弾けるまで拡大戦略を取り続けた会社は、いつの間にか莫大な土地やビルの不良資産を抱え込んでいたからです。

当時は日本の大部分の企業が、不良資産を片づけられずに持っていました。安易に手を付ければ、会社が干上がって倒産する危険性があったからです。

「多額の不良資産」と言っても、では実際にどれくらいあるのか、全体像は誰にもつかめていなかったでしょう。一時的に特別損失を計上はするものの、幹部はこの程度の損失で済むわけがないことだけはわかっていたはずです。

各部署で抱えている不良資産を洗いざらい集計すれば、会社が破綻するほどの途方もない金額に積み上がる可能性もあります。触れれば大やけどする。だから誰も手を付けようとしないのです。見たくないものからは目を背ける、見たいものしか見ない、これは人間の救いがたい習性です。

日本全国の企業が手を付けなければいけないことを知りながら誰もできない。やらない。それどころか、どの企業、どの金融機関も「不良債権など抱えておりません」という顔をして澄ましている。

私は社長に就いた際に「クリーン、オネスト、ビューティフル」を実践するよう社員に呼びかけました。当初は「清く正しく美しく？　何を今さら」と無視され、あるいは「言われなくてもわかっているよ」と反発されました。

なぜ「クリーン、オネスト、ビューティフル」という言葉を掲げたか。日本中の企業が嘘をつき、不良資産を隠し、陰で不正を行っていたからです。

四大証券の一つの山一證券が巨額の損失隠しなどの違法行為の果てに破綻したのは、私が社長になる半年ほど前の一九九七年一一月のことでした。同じようなことをしていた会社は山一證券だけではありません。しかし、どの大企業もだんまりを決め込んでいた。そして相次ぎ倒産していきました。

清く正しく美しく生きない限り、日本は立ち直れない。だから、まず社員がそうした倫理観と良識を持って立ち上がれ。社長一人では何もできない。社員がそうした気概を持たなければ、会社は絶対に回復しない。ひいては日本が蘇ることもない——。

どの企業も不動産を売却するなり人員を削減するなりして、少しずつ損失を埋めてつじつまを合わせていました。例えば一〇〇〇億円の利益のうち九〇〇億は損失補塡に回し、残り一〇〇億の利益でかろうじて株主への配当を確保するという弥縫《びほう》策を続けていくように。

そんな対症療法では、いくら身をすり減らして稼いでも、不良資産に利益が吸収されて、給料も増えなければ人材も伸ばせません。社員の気勢は上がらず、どんどん会社が衰退していきます。ここは何としても食い止めなければいけない。経営幹部を集めて実態把握を始めなくてはなりません。

「おい、いつまでこんなことを続けるんだ」

「じゃあどうやって、やりくりするんですか」

「冷蔵庫に保存していても、腐ったリンゴが元に戻るわけじゃないんだ。だからここは乾坤一擲、思い切って腐ったリンゴを全部処分しようじゃないか」

「全部処分したら会社が潰れますよ」

「潰さないようにやるのが経営だろう」

「といっても、できることは限られています。一〇年か二〇年をかけて確実に不良資産を減らしたほうが賢明です」

「このまま一〇年二〇年続けても、腐ったリンゴは腐ったままだ。その間にもしも金利が上がってくれば腐った部分がどんどん増えて、しまいには全部食べられなくなるぞ」

少しずつ不良資産を処理していたら、そのうち景気が回復するだろうという希望的観測をみんなが持っていました。けれどもそういうときに限って、景気が良くなった例《ためし》がありません。それまでの経験から私には「このままでは必ずまずいことなる」という直感がありました。

それはみんなが同じ状況にあるからです。大部分の企業が多くの不良資産を持っていれば、資産を買い増す人はいないからです。売りたい人ばかりだから当然です。

「二〇世紀に生じたものは二〇世紀中に処理しろ。他の企業が手を付ける前、不良資産の売り手が少ないうちだ。新世紀まで持ち越してはいけない。残り二年しかないぞ。思い切ってやろう」

そういう方針と決断を一部経営幹部で共有することとしました。

明るく透んだ気持ちで生きる

各部署で抱え込んでいる不良資産を隅から隅まで洗い出すよう指示しました。社内の知恵者を集めて実態調査を進め、膿をすべて掻き出すと、その額は四〇〇〇億円近くに達しました。

さすがに血の気が引きました。

一括処理して株価が大幅下落でもしようものなら、ついには会社が倒産するかもしれません。となれば、グループ何万人という社員とその家族が路頭に迷うことになります。私自身も百数十年続いた商社を潰した張本人として末代まで後ろ指を指されることになるでしょう。

最後は私が死んでお詫びするしかない。いや、社長が命を捧げて済むなら事は簡単です。でもそれでは何も解決しない。

そんな危ない橋を渡らずにこれまで通り騙し騙し処理していけば、その間にみんなが期待するように景気が持ち直して業績が上向くこともあるかもしれない。悪くいっても周りと同じ。みんなで渡れば怖くない。

一括処理を断行すべきか、思いとどまるべきか。

誰にも相談できません。相談すれば、市場に情報が出回るかもしれない。出回れば一気に株価が暴落し、市場に潰される恐れがある。こんなとき、社長は孤独です。寝ても覚めても考えるのはそのことばかり。三ヵ月間は迷いました。

口がパサパサに乾き、食べ物がのどを通らない。数キロ体重が落ち、激しい腰痛に陥りました。けれど、「本当につらい状態が続けば血尿が出る」と聞いた割には、いつまでたっても血尿は出てきません。

血尿が出たら本物だと思ったけれど、出ないじゃないか。ということは、まだおれは真剣に困っていないのか……。

よほど神経が鈍かったのか。そもそもが楽観的で、追い詰められるほど闘志が湧いて奮い立つ性分なのかもしれません。それゆえ持ちこたえられたのでしょう。神経質な人間なら鬱病にでもなったんじゃないか。

最終的に結論を出したのは、晴れた休日のゴルフ場でのことでした。広々とした芝生の上でふと空を見上げたら、真っ青な空に白い雲がぽっかり浮かんでいました。私の大好きな景色です。

高校時代によく授業をサボり、伊勢湾に注ぐ庄内川の広々とした土手に寝っ転がって空を見ながら仲間と語り合ったなぁ。その頃ののびのびとした気持ちを思い出しました。

「ああ、やっぱりこの青い空のように、明るく透んだ気持ちで生きなきゃいけないな」

嘘はいけない。やっぱりダメだ。よし、やろう、とゴルフ場で見た青い空と白い雲で大決断をしたのです。

経営陣を集めて説明したのは一九九九年九月です。三九五〇億円の不良資産を特別損失として一括処理する判断には、果たせるかな経営幹部から強い異議が噴出しました。それに対して言えることは一つ。

「会社が潰れないようにする。君たちには責任はない。私がすべての責任を取る」

大株主の取引銀行にも説明に行きました。彼ら自身、膨大な不良債権を抱えています。その一括処理を取引先の企業が独断専行でやろうとしているわけです。兆単位のお金を貸している取引先が破綻すれば、銀行本体、ひいては日本経済に影響が及びかねません。

予想通り、賛同は得られませんでした。直接このままでの言葉ではありませんが、記憶にあるやりとりを思い出せば――。

「不良資産があるのは御社だけじゃありません。日本中の企業が同じ状況です。どこもが一括処理などできないんです。御社がそこまでやる必要はないんじゃないですか」

「しかし、地道な再建計画を進めた末に経営難に陥った場合には支援していただけるんですか」

「それは我々としては何とも確約はいたしかねます」

「支援をいただけないのなら、当方の責任において打開策を打たざるを得ません」

〝雨降りには傘を貸さない〟のが銀行です。いざというとき頼みにはできません。

そうした中で、

「丹羽さんがやるのであれば、当行は全面的に応援します」

そう言ってくれた銀行頭取が一人だけおられました。涙が出るほどありがたく感じました。

一九九九年一〇月、不良資産を一括処理し、三九五〇億円の特別損失を計上しました。社長就任の一年半後です。特別損失としては産業界において最大規模、日本の企業で不良資産の一括処理を発表したのは、私の記憶では伊藤忠が初めてでした。

真剣なケンカが信用を生む

株式の配当をしないことを決めたときも大きな決断でした。これまで経営陣は、どんなに経営状況が苦しくても配当を出さない年はありませんでした。

メーカーのようにモノづくりをしているわけではない商社にとって、信用は死命を制する重大事であり、配当こそがその生命線と考えられてきました。当時は業績不振のため減配せざるを得ない時期でしたが、無配にするという選択肢は、経営陣の誰もが現実的だとは考えていませんでした。

しかし、ないものはない。会社にとっても危急存亡のときです。ここはいちばん踏み堪え、そのかわり将来は収益を上げて高い配当を実現する。最終的な結果はもう少し長い目で見てもらう――その素地を作るのが私の社長としての仕事だと考えました。

イギリスやドイツなど海外の株主や債権者、投資家などステークホルダー（利害関係者）にも説明に出かけました。

会社の状況を説明して無配にすることを伝えると、激しく経営責任を問われ、しばしば口論になりました。しかし、こちらは学生運動で鍛えています。ちょっとやそっとの言い合いやケンカじゃびくともしません。

「これだけ説明しても我々を信用できないのなら、弊社の株を売却したらどうですか。無理に持ってもらう必要はありません」

溝が埋まらないまま、そう啖呵を切って決裂したこともありました。

ところがその翌日、会社の株価がぐーっと上がっているじゃないですか。面と向かって言い争いをした当の投資家が株を買ってくれたのです。私は心の中で信念と信頼がどの国においても通じることに感動し、思わず涙を流しました。

当時、日本の大企業では社長の海外出張には通訳や部下が大勢随行し、数人以上ずらりと並んで相手に説明するのが常でした。しかし、私は財務担当専務と二人だけで現地入りし、徒手空拳、通訳を介さず、懸命に英語で説明しました。

しかも、投資家相手に本気でケンカをしました。投資家たちは、

「それほどこの経営者は自分の判断に自信があるんだな」

と逆に我々を信用してくれたようです。

マーケットが開いたときに株価は暴落することはなく、むしろ上がりました。市場は不良債権を一括処理した経営姿勢と将来の可能性を信頼してくれたのです。

同時に子会社の株もぐんと上がりました。振り返ればこのときが、最大のターニングポ

イントだったと思います。

「よし、こんなに株が上がったのなら、これまでの資金計画を見直してみる必要がある」

二〇〇〇年三月期は、単体で一六三〇億円の赤字を計上して無配となりました。しかし翌年は、当期純利益で七〇五億円の過去最高益を達成したのです。その後、さらに不良債権を洗い出し、すべて償却することができました。これでもう不良債権が稼ぎを呑み込むことはなくなりました。

これは社長である私の功績というよりも、社長の下した決断に社員が本気になって付いてきてくれたおかげです。思わず涙腺がゆるみました。うれし涙です。社員たちにはこう言って発破をかけました。

「これから君たちが稼いだ分はすべて利益になる。わが社の業績も上向くだろう。だから安心して、これまで通り精一杯やってほしい。それで儲かったらボーナスを弾もう」

私は国内外の全拠点を巻き込んで、グローバルに展開する総合商社を目指して検討を重ね、一年ほどかけて改革運動を進めました。組織改革を進め、企業理念を抜本的に変えた上で百数十年続いたコーポレート・ロゴや社章の刷新を前社長とともに推し進めました。

二〇〇四年六月、私は社長就任時の公約通りに三期六年で社長の席を退きました。

社長最後の大仕事として、退任直前の二〇〇四年三月期決算では、翌年度から始まる米国会計基準における「固定資産の減損会計」を早期適用しました。すなわちバブル期に投資した土地などの収益性を厳しく評価して減額し、三一九億円の赤字を計上したわけです。資産の健全化が目的です。「体力があるうちにマイナス分は出し切ってしまえ」と指示しました。

早期適用を見送って黒字決算で退任の花道を飾ってはどうかという意見もあったものの、私の主義ではありません。膿を出し切る「掃除屋」として会社を一点の曇りもないきれいな状態にして、次期社長にたすきを渡したかったのです。

次の経営陣もその後の情勢の変化に対応し、立派な業績を維持してくれました。何はさておき、社員の力に感謝の気持ちでいっぱいです。

社員の信頼なしに改革はできない

私が社長時代に断行した不良資産処理をはじめとする改革について、「社長って何だ」という視点から、あらためて考えてみたいと思います。

当時、銀行をはじめ日本の各企業は、あたかも不良債権などないかのごとく装って、少しずつ処理して凌ぐという応急措置が最善の対処法だと見なしていました。会社という単位で言えば、社長をはじめとする経営陣は真実を捻じ曲げて、社員にそういう御為倒《おためごか》しを信じ込ませていた、という見方もできます。

では、真実を伝えて不良債権を一括処理するという改革をなしえたのはなぜなのか。社長の力でしょうか。いや、社長の力だけで、こうした大事業は到底できません。

では何が社長の力の支えとなったのかを考えると、それは他ならぬ社員の支持でした。嘘を改め、社内の病巣を取り除く勇気を社長に与えたのは社員です。社員が社長を信頼して初めて経営は健全化し、改革もできるのです。

もちろん、改革は社長がその意志を持っていなければできません。しかし、改革の意志を持っているだけでもできません。社員の信頼を得られるという確信がなければできないのです。

では、社員の信頼を得るにはどうすればいいのでしょう。

まず「情報を共有する」ことです。社員が社長と同じ情報を共有して、社長の判断を信頼する。そのとき初めて社長の力が発揮できます。社員に嘘をついている社長、社員と情報を共有できない社長は、会社の改革、改善はできない、ということです。

もちろん、「情報の共有」と言っても、ブラックボックスの部分は残ります。ある段階までそれは言えないかもしれません。しかし、いずれは明らかにしなければなりません。

不良資産一括処理の前に、私は「全社員集会」を実施したいと考えました。

まず、部下たちに檄を飛ばしました。

「北から南まで全国の社員全員を本社に集めろ」

「何千人という数です。交通費や宿泊費が膨大になります」

「交通費？　何を言ってる。そんなショボショボした金額じゃない。何千億という金がかかっているんだ」

私の脳裏には、山一證券の社長が自主廃業の記者会見で、

「私らが悪いんであって、社員は悪くありません」

と涙ながらに語った姿が焼き付いていました。簿外債務は社員どころか一部の取締役さえ知らないまま行わざるを得ない状況であったと思われます。

会社の大改革となる経営方針の転換です。少数の経営陣だけで決定するというこれまでの慣行を私は覆したかったのです。会社を改革する前提は、社員を信頼して外部に漏れることはないと信じ、真実を話すことです。そうでなければ社員の信頼は得られません。

世間に公表する前に、部長や課長を通さず、数字よりも考え方、これからの方針を社長自ら全社員に説明する場を設けました。決算数字の事前発表ではありません。万一、不良資産一括処理の基本方針の中身が外部に漏れても、それが株主や市場から批判を受けたとしても、頭を下げることはない。会社を愛する社員を信頼する社長として、もしそうした

事態が生じれば、この会社はその程度の会社だった、社長はそれだけの社長だったと思うしかない、そう肚をくくりました。

私は全国から集まった全社員に対して、一括処理の決断と方針、今後の構想について説明し、全社員の力の結集を呼びかけました。社員たちがその時どう感じたかはわかりません。しかし今度は社員が信頼を返してくれました。「これは大変だ。本気で取り組まなければ」と肚を据えたのでしょう。だからこそ改革ができたのです。

社長が社員を信頼し、社員が社長を信頼する。「社長って何だ」という問いの核心には、「社員との信頼関係」があります。

裏返して言えば、社長は一人では何もできない。社長が自分の力だけで会社を良くできると思うのなら身のほど知らずも甚だしい。社長とはそれだけのものだ、ということです。

会社は株主のものというよりは、体を張って働いている社員のものだとの思いも、実務を取り仕切る我々にはかなり強いものがあるのです。

その大事な社員との信頼関係を構築することこそが、社長の最も重要な役割の一つだと信じています。社長自らが心を鍛え、社員たちの気持ちを動かしていく。その意味で、経営改革とは精神革命です。

第二章　資質と能力——畏れを知るべし

二重人格者であれ

「社長とは何か」を考えるとき、一つは会社という組織を統治していく際に、どういう性格、能力、思想、価値観を有した人間が社長に適しているのかを問うていく必要があります。

社長にはどういった資質が求められるのか。それは個人の特殊な能力なのか、あるいは組織のトップというポジションが要請する能力なのか、分けて議論しなければならないでしょう。

そういう視点から私が最初に挙げるのは、「社長は二重人格者でなければならない」ということです。

人間の性格や言動には相反する側面があります。論理的か感情的か。クールか情熱的か。謙虚か横柄か。無欲か貪欲か。正直か嘘つきか……。

人は大なり小なり相反する性質を有しています。あるときは極めて大胆不敵に振る舞っていても、別のところに行けば途端に小心でびくびくしてしまう。あるいはクールに見えながらも、意外と涙もろかったりします。

それは、その性質が表に出る時にどのような環境にあるかが大きく影響するからでしょう。ある意味、それは二重人格者的であり、とりわけ社長はその二重人格性を強く持っていなければならないということです。どういうことでしょうか。

根底にあるのは「人間が会社の最大の資産である」という基本的な認識です。産業に限って言えば、富を生み出す最大の動力源は土地でもなく、お金でもなく、人間です。例えば会社の最大の資産は、工場でも機械でも特許でもありません。人間です。知恵も技術も結局は、人間の頭の中から生み出されるものだからです。

その最大の資産である人間をどのようにして生かし、動かし、活用するか。これが会社組織のトップたる社長の最大の仕事になります。

組織にはさまざまな人間がいます。優等生もいれば劣等生もいます。だいたいは優等生が二割、普通の人が六割、劣等生が二割という割合で構成されているものです。二割の怠け者を排除すると、六割の普通の人から怠け者が生まれ、二割の働き者がいなくなれば、やはり普通の人から働き者が出てくる。最終的に二・六・二の割合は変わらないことになります。

「二・六・二の法則」は「働き蜂の法則」とも言うそうですが、私の経験則から言っても、だいたいこの法則は当てはまります。

リーダーたる社長は二・六・二それぞれの人間を理解し、慈しみ、動かしていく必要があります。二・六・二の異なる意見に耳を傾け、尊重する姿勢が求められる。そういう能力がなければ、最大の資産を最大限に生かすことはできないのです。

そのためには、感情的な側面と論理的な側面、両方の能力、性格が必要です。あるいは社内では鬼のような上司でも、いったん会社を離れたら情に厚い先輩になる。

わかりやすく言えば、エリートや有名人とも、人が嫌がるような人とも付き合うことができなくてはいけない。昼間はジキル、夜はハイド。大げさに言えば、そういう二重人格者的でなければ組織を束ねていくことはできないということです。

どんな人間とも付き合う

振り返ってみると、私はどういうわけか、中学、高校時代から優等生や劣等生いずれとも等しく付き合うことができました。

普通は優等生同士、あるいは劣等生は劣等生とつるむものですが、私は周りから白い眼で見られている不良や劣等生とも仲良くしていました。なかでも弱い方や少数派、反主流派的な側に付く性格でした。

大学生のころは、優等生と劣等生に加えて、体育会系と文科系、学究肌や学生運動家とも友達として付き合いました。良く言えば全方位外交、悪く言えば八方美人。いずれにせよ人付き合いは広範囲でした。

二重人格は誇るべきものではありません。けれども前述したように、誰もが基本的に二重人格的なもの、強弱は別として二つの相反する性格を持っています。自宅ではおしゃべりでも、外では寡黙な人がいます。いつもはおとなしい人が突然、粗暴に振る舞ったりします。

逆に言うと、その人の性格は決めつけられないということです。私たちは自分の性格を引っ込み思案だとか無愛想だとか決めつけてしまう傾向があります。

「私は他人を指導したり引っ張ったりしていくタイプじゃありません」

「もともと私は人付き合いが苦手で、社交的じゃないんです」

そういう社員が少なからずいますが、最初から自分の可能性を狭める必要はありません。人間の性格はさまざまな刺激で変えることができます。その刺激とは、例えば教育であり、読書であり、友人です。これは私の体験を基に言っています。

私は小学校六年間、全優、無欠席で、学校の先生からも目をかけられていました。非常におとなしい性格だったのですが、ある時からそれがガラリと変わりました。きっかけは先生の何気ないひと言です。中学で遠足の作文を書いたとき、

「内容が大変しっかりしています。みんなの前で読んでみてください」

国語の先生にそう褒められた途端、「ああ、自分はそんな能力があるのか」と国語がいっぺんに好きになりました。

「将来、有名な作家になるかもしれませんよ」

そうしておだてられると、自分でもその気になって、新聞部に入って文章を書いたり、生徒会長を率先してやったりと積極的、活動的な生徒になっていきました。

大学に入ると、今度は勉強よりも学生運動にのめり込みました。大学の自治会委員長として演説をし、反体制、反権力で駆け回りました。一回タガが外れると、もう戻りようがありません。

会社に入ってからは、弱い者いじめをする上司にも物を申し、腹に据えかねたときは相手が上司だろうが、テーブルを叩いて抗議する実に生意気な社員でした。今から思えば青臭い未熟者だったと汗顔の至りですが、おとなしかった小学時代の私しか知らない人から見れば、腰を抜かすほどの変貌ぶりだと思います。

人間がもともと持っている才能など大して違いはありません。ふとしたきっかけで変わるものです。性格にしても、先生のたった一言で変わりうるのです。大部分の人は「自分はこういう人間になりたい」「ならなければ」と思い、それに向けて努力すれば変わることができる。それだけの可能性を人は誰もが持っているということです。

ときに冷酷でなければならない

社長は二重人格者的であっていい。「しかしそれは面従腹背と同じじゃないか」と言う人がいます。次のような例はどうでしょうか。面従腹背と二重人格的とは、別の世界だとおわかりになるでしょう。

表向きは社員の意見をよく聞いて、「なるほど、わかった」と言ってニコニコしています。ところが、それでおしまいだと思ったら見込み違いです。

「こいつは会社のためにならない」と見なした時には、容赦なく切り捨てる。社長というのは、そういう人間です。徳治政治と恐怖政治、温情と冷酷さが同居しているのです。

例えば、社長時代の特損処理の際、私はミクロで見るとかなり温情的な処理を進める一方で、マクロで見るとかなり冷酷な措置を断行しています。

まず、三期連続赤字の子会社は、ほぼ全部整理することにしました。当時、子会社は一〇〇〇社以上あり日本最多と言われていました。調べてみると、子会社全体で毎年数百億円の赤字を出していて、利益をはるかに上回っています。整理した子会社は大小はあれど最終的に約半分、四五〇社を超えました。

その会社の社長全員に辞めてもらうわけです。辞めろと言っても、当人のこれからの人生もあれば家庭の事情もあります。退職金は人によっては特別手当として通常の倍額に達するほど大幅に上乗せしました。通常五〇〇〇万円の場合なら一億円という話も耳にしました。

経営危機に直面する親会社を「沈みかかった船」だと見なし、「そんなにもらえるのなら」とばかりに喜んで早期退職を選んだ者は少なくなかったと聞きました。一人一人について相談に乗り、辞めなければ本社に戻す。ミクロで見れば温情ある措置に見えます。

しかし、マクロでは非常に冷めた計算をしています。

一年で子会社が全部で四〇〇億円の赤字を計上していたとします。通常の倍額の退職金に合計で二〇〇億円を支払ったとします。その年の赤字は六〇〇億円に膨らむことになります。けれども、それはあくまで一時的な赤字増加です。それ以降、四〇〇億円の赤字は会社とともになくなり、今度は黒字に転化することになります。

辞めた側から見てみます。それまで年収三〇〇〇万円なら一〇年で三億円の収入になります。目先の退職金にとらわれて一億円を一度で手にしたとしても、その後の就職先は必ずしも保証されていません。もし再就職できても年収は間違いなく下がるでしょう。

退職すれば、会社側が半分負担していた厚生年金や医療保険はストップします。交際費や社有車も出ません。リストラは、される側にとって長い目で見れば、やはり過酷な措置であり、だからこそ究極の最終手段なのです。

辞めた社長は本社から出向した人が圧倒的に多く、私を恨んだ人間もいたでしょう。しかし、会社存続のため他に道はありませんでした。会社改革で最もつらい決断でしたが、それが結果的に財務体質を改善し、改革の礎となったことは事実です。

不可侵の領域にもメスを入れる

同じく社長時代、会社が赤字を計上し、無配を二年続けたときのことです。私は現役を退いた社長や一部役員ＯＢへの報酬支払いを七五歳で打ち切ることを決め、同時に個室や秘書や社有車使用といった待遇の一括廃止を宣言しました。

寝耳に水のＯＢは、さぞかし血も涙もない非情な社長だと思ったに違いありません。

当時の大企業は慣習的に歴代社長たちの給料を終身で支払い、会社の個室や黒塗り高級車を提供してきました。我々も例外ではありませんでした。

しかし、会社は不良資産の処理などで二〇年ぶりの大幅赤字に転落するという切迫した状況にありました。社員たちの給料は上がらずに気息奄々《えんえん》たる状態にあるときに、たとえ会社に貢献したＯＢとはいえ高給を支払う余裕などありません。

報酬打ち切り宣言は予想通り、ＯＢから猛反発を食らいました。

「明日からの生活が立ち行かない。人生設計が狂うじゃないか」

私は懇切丁寧に説明しました。

「現在の会社の置かれた状況を考えれば、これまでと同じような優遇措置を続けるわけにはいきません。どうしても承服できないということであれば、これまで通り差し上げますが、私の代からは一切やめることに致します」

ＯＢたちは納得しませんでしたが、やがて特別顧問のＯＢが自ら給料を辞退されました。

何事も冷徹な強硬策だけでは成るものも成りません。温情も交えた押したり引いたりの駆け引きも必要です。結局、七五歳を過ぎた先輩諸氏には措置を五年間猶予することで、表立った反発は収まりました。

私の決定は赤字削減のための緊縮策という意味だけではありません。社長自らが矢面に立って不可侵の領域にもメスを入れる態度を社員に示すことで、全社一丸となって会社の危機を乗り越えることを目指しました。今でも正しい選択だったと思っています。

愛され、かつ恐れられよ

「温情と冷酷さの同居」と書きましたが、イタリア・ルネッサンス期の政治思想家マキ

ャベリ（一四六九〜一五二七年）は、主著『君主論』の中で、

「君主は愛されるよりも恐れられるほうがはるかに安全である」

と述べています。

「愛され、かつ恐れられることが理想だが、両方できないときに君主は恐れられるほうがいい」

とも表現しています。

この言葉を私なりに解釈すると、

「理想のリーダーは愛され、かつ恐れられる存在である」

ということになります。温情と冷酷とはコインの裏表です。冷酷なだけでは人は付いてきませんが、温情だけでも付いてこないでしょう。両方を兼ね備えた人間が理想のリーダーということです。

しかし日本はもちろん、世界中の政治家を見渡してみても、この両方を兼ね備えたリーダーはなかなか見当たりません。思い浮かべてみてください。愛されるだけ、あるいは恐れられるだけのリーダー、残念なことに愛されも恐れられもしないリーダー、いやそれどころか国民にバカにされているリーダーさえ散見されます。

部下に愛されようと何でも甘く許すような人気取り社長では、いざという時に厳しく接

しても、空回りして気合の入った仕事はできません。

一方、恐れられるだけでは部下との間に信頼関係が築けません。叱られるのがイヤだから、上司が怖いからという理由では、全身全霊をかけた仕事はできません。

最近は物わかりの良い上司が増えてきました。ちょっと叱ると、すぐにパワハラだ、モラハラだ、と突き上げを食らう世の中です。上司の叱責が原因で鬱病になって休職に至る若手社員も増え、メンタルヘルス対策は企業の経営課題にすらなっています。

そのため部下に嫌われないよう、どこか腰が引けている上司も少なくありません。それが良い上司だと誤解している人も多い。しかし、嫌われるのが怖いのは自信がない証拠です。そんな腑抜けの上司ばかりでは、成長できる部下も成長できません。

部下を叱る時は、人間理解を基礎にして臨機応変によく考えることです。

たとえミスをしたり態度が悪かったりしても、頭ごなしに叱るのではなく、その原因に体調不良はないか、私生活でのトラブルはないか、日頃から部下の立場になって考えておく。

本人の尊厳や自尊心を損なわないよう同僚たちの前で咎め立てるようなことをせず、二人きりになった時に叱責する。

きちんと相手の良いところを認めて褒めてから叱る。それから叱った後のフォロー。叱責後は互いにわだかまりが残るものです。相手をコーヒーやお酒にでも誘って、「おまえは将来、会社の中核になる人間だと思っている。だから、とくに厳しく対応しているんだ」

「今日はおれもちょっと嫌なことがあって、ついかっとなって言いすぎてしまった」

こちらだって人間です。いつも正しい言動がとれているわけではありません。自分で気づいた時は素直に非を認めることも必要です。

最善のときに最悪をイメージする

社長は相反する性格、能力を有すると同時に、相反する事態を常に想定しておく必要があります。

社長時代の私は、会社の事業が成功し、社員全員が手放しで気勢を上げている時は「この調子は決して長続きしないぞ」といつも逆のことを考えて身を引き締めるようにしていました。

会社の業績が絶好調の時こそ、最悪の事態を想定しておかなければいけません。好事魔多し。経営幹部が意気盛んに闊歩しているような時こそ、すぐそばに落とし穴があるものです。そんなときは隠忍自重して自らを律することです。

「今回は、たまたま運に恵まれただけかもしれないぞ。次もうまくいくとは限らない。勝って兜の緒を締めろ、だ」

逆にプロジェクトがうまくいかずに、みんなが意気消沈して沈滞ムードに覆われているときは、

「今回は運が悪かった。浮き沈みは世の習いだ。次は必ずうまくいくぞ」

と奮起を促しました。自分だって泣きたい気持ちなのですが、そこをぐっと耐えて明るい顔を見せるようにする。

リスクを最小限に抑えるために、社長はいつも周りとは反対のことも考えなければなりません。これは私がアメリカで穀物相場を担当したときの経験知でもあります。

相場の世界にはきわめてシンプルな原理があります。それは「上がった株は必ず下がる。下がった株は必ず上がる」という市場の力学です。永遠に上がり続けることも、永遠に下がり続けることもありません。

言い方を換えれば、良いことも悪いことも長続きはしないということです。禍福は糾《あざな》える縄の如し。上がる動きの中にはすでに下がる動きが含まれているし、下がる動きは上がる動きを含んでいます。相反する働きが常に同居しているわけです。

だから、上げ調子のときこそ、下げはもう忍び足で近寄っている。トップは、

「ちょっと待て。これは長続きしない。最悪になったときにどうするか」

と考えることが肝要になります。これは最善の事態と最悪の事態を常に想定しておくことでもあります。

人の行く裏に道あり花の山

「人の行く裏に道あり花の山」という投資の世界で知られた格言があります。その後に「いずれを行くも散らぬ間に行け」という言葉が続きます。千利休が詠んだという俗説もありますが、よくわかりません。

「美しい桜を求めて山に行くのなら、多くの人が行く場所よりも誰も行かない裏道を行ったほうがいい。しかもきれいな花が散らない間に行くことだ」

という意味です。

獲物を天下の大道で捕まえれば、みんな殺到するので分け前はわずかです。裏道で捕まえれば独り占めできます。相場の世界に換言すれば、

「他人と同じ売買を行っている限り大きな利益は得られない。他人の裏をかけ」

という教訓になります。

私はニューヨーク駐在時代に穀物相場の世界を体験しました。私は売り手と買い手の総

エネルギーで相場を見ていました。

売り手のエネルギーは変わっていないけれども、買い手のエネルギーは小さい。相対的に売り手のエネルギーが上がる。さあ、どんどん相場が下がっている。どうするか。ある極点で買い手のエネルギーが売り手を上回り、相場は上がります。売り手が「危ないな」と思っている時は、もう買えないくらいに暴騰しています。もう誰も売りません。こうしたエネルギーの上下を見ながら売買のタイミングも図るのです。

人が我慢できる年月はだいたい決まっていて、四年から六年です。同じころに「もうダメだ」(もう底値だ)となります。しかし、みんなが「もう底値だ」と思っているときは、誰も売らないから「まだダメ」です。「もうはまだなり」と言います。

「まだ大丈夫、まだ大丈夫」と思って売らずにいると、手遅れになって「もうダメ」です。「まだはもうなり」。人間の心理はそう簡単には推し測れません。

周りすべてが音無しの構えの時に、一人先んじて不良資産を一括処理した会社はそれゆえに成功しました。みんなで一斉にやっていたら、全員共倒れで回復など到底見込めなかったでしょう。

「人の行く裏に道あり」は、「みんなで渡れば怖くない」の真反対となる教えです。つまり「みんなと同じようなことをするな」と付和雷同を戒めた言葉です。

三〇人で構成する役員会で二九人が「これはやるべきだ」と主張して、一人だけ「いや、これはやるべきではない」と言う人がいたとする。そのとき、どちらを取るか。

多くは「みんなで渡れば」という日和見主義から二九人の意見に傾きます。そのときに意を決して「渡らない」という選択が「人が行かない裏道」です。

しかし、これは単純に「リスクを取れ」という教えではありません。

「フォーティナイナーズ」の教訓を見ます。一八四九年、米国カリフォルニアのゴールドラッシュ期に一攫千金を求めて集まった採掘者たちはフォーティナイナーズ（49ers）と呼ばれ、みんな困窮を極めて悲惨な目に遭いました。大金持ちになったのは、金の採掘に加わらず、採掘に要するジーンズや生活必需品、輸送手段を提供した事業家でした。

彼らはリスクを取ったわけではなく、世の中の動向をしっかり見据えて動いたわけです。みんなと一緒に動けばリスクは少ないように見えて、実は「儲けが少ない」というリスクが確実にあるのです。

それはその時々の状況によって異なります。みんなで渡れば怖くない。怖くはないが、死なばもろともの可能性もある。どういうふうにみんなが動いているか。社会の動向を敏感に察知するようアンテナを高く掲げておくことです。

自分が未熟であることを知る

経営方針の決定権を持ち、人事権も持つ社長は、ある意味、社員の生殺与奪の権限を握っています。だからこそ社長は謙虚でなければならないし、畏れを知っていなければなりません。

「経営者の第一条件はなんですか?」

と聞かれたとき、私はこう答えることにしています。

「自分は物事を何も知らないということを自覚していることです」

これは頭で理解していても、なかなか難しい課題です。

一流大学を優秀な成績で出て、一流の会社に就職し、人一倍給料も多い。さらに大企業のトップともなれば、何万人もの社員に頭を下げられる。ハロー効果もあるでしょう。「他の人間に比べたら、ものを知っている」と勘違いし、「自分は何も知らない」という気持ちにはなかなかなれません。

しかし、そこから「社長の自分がすべてを取り仕切ってかまわない」と考えるなら傲慢のそしりを免れません。「自分は何でも知っている」と言う人間は、「自分のことすら何も知っていない」と自ら表明しているようなものです。

経営者が集まる講演会に臨む場合、私は開口一番にこう言います。

「みなさんはトップにいる自分が一番えらいと思っているかもしれませんが、勘違いも甚だしいと思ってください。自分は未熟者で、学ぶべきことが多々あると知っていることこそが経営者の必須条件です。実際、社員から学ぶべきことは数限りなくあります。現場を歩いていろんな社員と話をしてごらんなさい。自分の身近にいる人たちからは得られないことを必ず得られるはずです」

そういう心がけをなくした時点で、もはやその人に会社を仕切る資格はありません。社長の席を譲るべきです。まだまだ知らないことが山ほどあると自覚してこそ、時代に応じた新しい知識や感覚を学び、吸収することができます。

無知で未熟な自分を自覚するためには、まず人間がどういう生き物かを正確に知ることです。

人間はもともと強欲で傲慢な存在です。私の言い方をすれば、人間には「動物の血」が流れている。地球上に生まれた生物として動物の血は受け継がれ、何億年と流れてきましたが、知恵を有した人間の血はたかだか何万年でしょう。

口では立派なことを言っても、いざとなれば自分を最優先に生かそうとする動物の本能が働き、他人の食料を奪ってでも胃袋を満たそうとする。知性よりも欲望。パンはペンよりも強し。思想や哲学よりも、まずは食べなければならない。そのために人間はいつも自分のことを第一に考えて、他人のことは二の次にする生き物です。

人は権力を持てば、他を犠牲にしてでも自分の豊かさや地位、名誉の獲得を最優先にします。そうした自己中心的な我欲を抑止するためにも人は畏れを知るべきです。

どの動物よりも残酷な人間の本性をいつも頭に置いて行動する。とりわけ組織を統べ、人を動かすリーダーは肝に銘じておかなければならないことです。

世間の常識を知らなければならない

社長は自分が「物事を何も知らない」ことと同時に「世間の常識にも疎い」ことを自覚しておく必要があります。逆に言えば、「世間の常識」に常にアンテナを向けておかなくてはなりません。

普通のサラリーマンは、会社と自宅を往復する伝書鳩みたいなもので、意外と世間と没交渉です。そこで培われる常識は極めて狭いものになります。そうすると、新聞や雑誌、テレビ、ネットの情報をそのまま鵜呑みにしてしまう。

むしろ広く世間を知っているのは世の奥さま方でしょう。あちこちのスーパーに行き、近所同士の会話で地域社会や子どもの世界の情報も自然と手に入れています。私は家庭で仕事のことは滅多に話しません。ただ、普通の主婦はどう思っているのかを気にかけるようにしています。

社長時代、会社が史上最高の利益を上げた際、通常のボーナスとは別に、アルバイトも含めて従業員全員に特別ボーナスを配りたいと役員会で提案したことがありました。通常は給料や貢献度に応じて賞与の額は変わりますが、全員一律。大企業でも滅多にないことです。

経営幹部の賛同を得て意気揚々と帰宅してワイフに伝えたら、

「あなた、何考えてるの？」

と意外な答えが返ってきました。

いかに儲かったからと言って、通常のボーナスのほかに、世間一般の平均額と比較して破格のボーナスを全員に配るというのは傲慢だ、と言うのです。

確かに、アルバイトも含めて全員一律という方針は一見民主的に見えますが、世間一般の常識に照らし合わせればどう見えるのか。成金長者が金をばらまいているように見えないか。会社が儲かれば、社員はいくらもらってもいいのか。そんな金があれば、少しは社会のためになることを考えたらどうか――。

社長にはそういう考え方が必要だということです。結局、特別ボーナスは社内で協議のうえ配り方を最初から見直すことになりました。

つまるところ、サラリーマンがいかに閉ざされた世界で生きているかということです。自分は社会と関わっている、新聞を読んでいる、世界に目を向けている……いやいや、日々やっていることは伝書鳩にすぎないのです。

現場に行って目と耳で確認する

未熟な人間が学ぶことができるのは、第一に現場です。「すべては現場に宿る」という言葉を私は大事にしてきました。

ニューヨーク駐在に赴く際、先輩から言われていました。

「すべては現場に宿る。もし問題が起こったら、費用のことなど気にせずに、すぐに飛行機に乗って現場へ行け。会社から文句を言われたら私に言え」

私は毎日、読書を続けてきましたが、いわゆる書斎派ではなく、むしろ徹底した現場主義者です。

ニューヨーク駐在時代、穀物担当だった私は毎年、収穫期に中西部の「ブレッドバスケット」すなわち「世界のパンかご」と呼ばれる大農業地帯を車で一週間かけて見て回りました。中国大使時代は中国全土を視察して、東西南北国境近くの僻地まで赴きました。

現場はすべてを語ってくれます。新聞でもテレビでもインターネットでも、楽に得たデータや情報だけで判断すると、手痛いしっぺ返しに遭う危険性があります。あるいは専門家の言葉だからといって、そのまま鵜呑みにはできません。株や為替のストラテジストやアナリストの年初の予想も、年末に読み返してみると、ほとんど外れていたりします。

雨が降ろうと風が吹こうと、とにかく現場に行って、自分の目で確認し、自分の耳で話を聞き、自ら判断する。その上で知識や情報、理論を活用する。これが現場主義です。

月刊誌「理念と経営」（コスモ教育出版）で広島市信用組合の山本明弘理事長と対談したときも、現場主義の重要性を再確認しました。中小零細企業を主な顧客とする同信組は、小口多数の預金を集め、経営再生への融資に特化して一六期連続で増収増益を果たしていた稀有な金融機関です。

山本理事長は会社の現場を見てから融資先を決めるそうです。

アポイントメントを取らずに、菓子折りを持って、ふらっと会社を訪ねていく。社長がいないときは経理部長や従業員に会って言葉を交わす。

事務所に入った瞬間の雰囲気、従業員の勤務態度、工場の整理状況、ラインの稼働状況を見せてもらう。特に金型はきれいに掃除をして整理整頓しておかなければ誤差が出るため、そうしたところも観察するそうです。

すると、書類で見た数字以上のことがわかります。理事長が訪ねてくると言えば、相手は裃《かみしも》を付けて待っているでしょう。化粧して着飾った現場を見ても仕方ありません。現場を見た上で融資するかどうかを決めます。断られてもあきらめません。

「私は御社に惚れ込みました。必要ならお金をお貸しします。今は金利が安いので、どの銀行でも貸してくれるかもしれません。しかし、同じお金をお貸ししても、うちは御社が危機に直面したときも全面的に支援することを約束いたします」

そんなふうに顧客をどんどん増やして信頼を得ていきました。すぐれた融資は、製品や技術ではなく、背中を見て経営者の心を見抜き、「この人はいけるぞ」という直感の上になされます。逆にいくら書類上の数字が良くても、現場が荒れていれば融資を思いとどまるそうです。

お話を伺っていて、広島市信用組合で唯一の課題は後継者づくりだと思って、僭越ながらも理事長に対して次のように進言しました。

これまでは一人で現場を訪ねてこられたわけですが、後継者は山本理事長の背中を見て勉強する必要があります。後継者となりうる側近三人ぐらいを選んで、そのうち一人を一緒に現場に連れていく。

一人だけをどこにでも連れていくというのは避けたほうがいいでしょう。その部下にすり寄る人間が必ず出てくるし、本人も有頂天になりかねないからです。「ここに行くときは「この部下」というように、担当別に連れていく。そして、それぞれ部下の人間性を見ていくわけです。後継者づくりについては、のちほどあらためて考えます。

企業の将来性を見抜く

中国大使をしていたとき、中国の杭州市にある「アリババグループ」本社に日本の経済人と一緒に見学に訪れたことがあります。そこで「すべては現場に宿る」という言葉をあらためてかみしめました。

当時、アリババは新興のＩＴ企業として飛ぶ鳥を落とす勢いで急成長しているさなかでした。アリババの実質的経営者であるナンバーツーの説明を受けながら社内を案内されましたが、ある部屋のドアの前で申し渡されました。

「ここからは経済界の人たちにはお見せすることはできません。大使と通訳の方だけどうぞお入りください」

彼はおそらく私が経済界出身であることを知らなかったのでしょう。入室できたのは私と秘書（外務省）だけでした。

入った瞬間、おーっ！　と感嘆しました。なぜ経済人を入れなかったかわかりました。プロの目で見れば、そこで何が行われているかが一目瞭然だったからです。実際、私はひと目見て、「この会社はすごい」と確信しました。

壁一面に巨大な世界地図が掲げられ、ニューヨーク、東京、ロンドン、パリなど国際都市に並んだ数字が目まぐるしく変わっています。各地の拠点で入ってくる情報を集計して、その地域で販売している製品の販売数が刻々表示されているのです。

「サウジアラビアでこんなに車が売れているのか」「モスクワは動きが鈍いな」と視覚的に販売動向がつかめます。それを時系列で集計し、「この地域では今後、自動車販売が伸びそうだな」と予測するわけです。

当時、収集できる情報はまだ限られていたと思いますが、それは時間の問題です。やがて世界に情報網を張り巡らせ、有力な製造拠点を的確に把握できるはずです。その潜在能力の大きさは、その後の彼らの躍進が証明しています。

商社以上に生の情報が刻々入ってくるため、「これは今に商社の上前をはねるぞ」と警戒ランプが灯りました。同時に「この会社の株は買いだな」と経営マインドが頭をもたげました。経営者とも直接面談し、「これはただ者じゃない」と直感したからです。

とはいえ、私は中国大使という立場上、当然、株に手出しはできません。情報漏洩にも慎重であるべきです。外で待っていた経済人に、「どうでしたか?」と聞かれても、「いや、なかなか面白かったよ」。

ソフトバンクの孫正義さんがアリババ株を大量に買いました。先見の明があったということです。現場で見る人が見れば、企業の将来性をちゃんと見抜くことができます。現場を見ることは正確な情報をつかむ第一条件です。

ザッカーバーグとＩＢＭの動きの底流を察知する

現代は激動の時代です。これまでの思考回路や発想、行動様式にしがみついていると、未来を切り拓くことはできません。社長は大きく変わる世界の動きを正確に察知しなければいけません。

その象徴的な動きが、米国初の巨大ＩＴ企業群ＧＡＦＡ、すなわちグーグル（Google）、アップル（Apple）、フェイスブック（Facebook）、アマゾン（Amazon）に見られます。

それぞれ検索エンジン、デジタルデバイス、ＳＮＳ、ネットショップと各分野で市場を席巻しています。私たちの生活とビジネスのルールを根本から変えつつあり、これからも変え続ける企業と言っていいでしょう。

このＧＡＦＡが今、人材の確保と育成において力を入れているのが「リベラルアーツ」の分野です。専門知識に対する一般知識、「一般教養」とも訳せますが、これまでの「教養」とは少し異なります。

これまで企業経営に要する能力や知識は、経営学や経済学など社会科学系の学問の中で学ぶことができると考えられてきました。けれども、そこで得られる内容は旧態依然として、激変する時代に即応しているとは言えないものになっているのではないでしょうか。企業経営の理念や仕組みを教えられても、学ぶ側にとっては新鮮味が感じられないのかもしれません。事実、既存の経営学や社会科学系のＭＢＡ（経営学修士）の人気は下がってきています。

その代わりに、これからのイノベーションを図るための重要なカギとして注目されているのがリベラルアーツの分野です。

例えばＶＲ（バーチャルリアリティ）に注目するフェイスブックＣＥＯのマーク・ザッカーバーグは、なんと心理学も専攻した最先端のテクノロジストです。また、ＩＢＭは技術者を集めて新しい開発をすすめる際に、デザイン系の人材を確保するように人事制度を変えようとしていると耳にしました。デザインといっても、美術や図面、設計といった狭い意味のデザインではありません。ここでは「思想的なデザイン」のことを意味します。

インターネット経由でセンサーと通信機能を持ったモノ（ＩｏＴ）は、その技術それ自体では価値を生み出すことができません。何をどのように、どんな目的で使えば、どういったことが可能になるのかなど、革新的で柔軟な発想がなければ、その潜在的な力を発揮できません。

そうした発想を生み出す土壌には、豊かな感性やセンスが必要です。それらの孵卵器となるリベラルアーツが求められているというわけです。

現代の技術ではリベラルアーツに支えられた新たな発想がなければイノベーションを起こせない。そう考えたＩＢＭやＧＡＦＡは、技術者集団にリベラルアーツ人材を確保、育成し、当初から参加させることに力を入れ始めているようです。

あるいは二〇一八年一〇月、トヨタ自動車とソフトバンクは、新たなモビリティサービスの構築に向けて新会社「MONET Technologies（モネ・テクノロジーズ）」を設立しました。車や人の移動に関するさまざまなデータを活用することによって、移動に伴う社会的な課題の解決や新たな価値を創造する「MaaS事業」を展開します。

これは「Mobility as a Service」の略で、車を所有せず、使いたいときだけお金を払って利用するサービスを指します。いわばトヨタの技術とソフトバンクのリベラルアーツが手を組んだとも見なせます。

日本の輸出の中で大きな割合を占める自動車は、もはやエンジンを中心とした技術開発だけでは生き抜いていけません。自動車メーカーの技術者的な発想だけでは、未来社会における車の新たな価値を生み出せなくなっているのです。

必要なのは今、消費者が何を求めているかを敏感にキャッチし、消費者に訴えることのできる感性や想像力です。それができるのが、リベラルアーツという新たな技術を身に付けた人材グループです。

撤退する勇気の重要性

私が社長時代に手がけた経営改革は、一路邁進して成功を手中に収めた武勇伝のように読めるかもしれませんが、一つ間違えば無謀極まりない暴挙と指弾される選択でした。社長に必要なのは前に進む勇気だけではありません。いや実は、本当の勇気はむしろ撤退するときにこそ求められるのです。

部下のことを第一に考えるならば、社長は撤退する勇気を持たなければなりません。

現在、東京をはじめとする大都市には急激な勢いでタワーマンションが建設されています。けれども「東京オリンピックが終わる二〇二〇年以降、不動産は暴落する」という予測も一部でなされています。いわゆる「二〇二〇年問題」です。

だとすれば、今はマンションをむしろ売らなければいけないはずです。それを次々建てているというのは、どういうことでしょうか。

ことは経営判断を下す社長の責任問題に関わります。建設を続けていれば、もしも二〇二〇年以降に不動産が暴落し、社長が損害の責任を追及されても、「当時、他社もすべて建設に力を入れていました。うちだけ後れを取るわけにはいきません。妥当な判断です」

そう逃げを打つことができます。みんなやっていたじゃないか。つまり「赤信号、みんなで渡れば……」の理屈で罪を問われません。

一方、もしも社長が業界の流れに抗して売りに転じる指示を出せば、不動産が高騰し続けた時に、

「どうして、うちの社だけが儲けから取り残されているんだ」

と経営判断を誤った責任を追及されます。

次々と建設が続くのは、要するに社長自身のリスク回避、自己保身の一面がないとは言えません。暴落するかもしれないが、ここまで進めばもう引き下がれない。周りも前に進んでいる。行け、行け。これではまるで、負けることを知りつつも突き進んだ第二次世界大戦時の日本軍部じゃないですか。

日本の企業に共通する弱点は「撤退する勇気」の欠如です。それは失敗を認める勇気、自己の限界を見定める勇気と言ってもいいでしょう。

撤退が遅れて失敗した事例には事欠きません。新聞報道によれば、パナソニックのプラ

ズマ事業しかり、東芝の原子力事業しかり。

相場の世界に「見切り千両、損切り万両」という格言があります。すぐれた経営者や成功している起業家は「早期撤退はビジネスの基本」であることを知っています。

ギリシャの哲人アリストテレス（紀元前三八四〜同三二二年）が家庭教師として、のちにマケドニア国王となる幼きアレクサンドロス（紀元前三五六〜同三二三年）に教えようとしたことの一つが、この「撤退する勇気」でした。

アリストテレスが意を注いだのは、知識や学問では得られない「人間の心の鍛錬」、すなわち「武人としての心構え」といった心の修養でした。

「前へ進め」は誰でも言える。しかし兵士の命を無駄にしないよう撤退の指示を出すことができるのは指揮官しかいません。その勇気こそリーダーに必要な資質だと考えたわけです。アリストテレスいわく、

「勇気は、行き過ぎた勇気である『無謀』と、勇気の不足である『臆病』の〝中間〟の状態にあるとき、初めて徳として成立する」

撤退の選択を裏付けるのは、徹底した現場主義です。現場に行って正しい情報を仕入れてこそ、それに基づく的確な判断を下せます。ヤマ勘で判断するのは単なる無謀です。

リスクを取るときは自社の体力に応じて選択することです。周りと同じ選択をしても取

り分は少ない。かといって誰も取らない選択をするのはリスクが高すぎる。そういうときは黙って動かないことです。

「撤退する勇気」とまったく逆のことも、言い添えねばなりません。社長は一度こうと決めたら、何があっても二度と決心を変えない、それを貫き通す覚悟も時に持たなければならないということです。

「綸言《りんげん》汗の如し」。出た汗が体内に戻らないように、トップがいったん発した言葉は取り消すことができません。だからトップの決断は「ファイナル・ワン」、それだけの重みがあるということです。

常に時々のベスト判断を目指す

「贈る言葉」を求められた時、年齢を重ねた今、私は「Do your best everyday.」という言葉を選んでいます。日々ベストを尽くせ。実に簡単な言葉ですが、では実行できているかと言えば、ほとんどの人ができていません。

毎日、その都度その都度、ベストの判断をして実行する。これが最近、志している私の生き方です。日々最善の選択をしなければ、「あの時にやっておけばよかった」という後悔が残ります。それは、できたのにやっていないということです。できるのなら、そしてやったほうがいいと思うならば、やるのです。

京大アメフト部の監督だった水野弥一さんは、学生たちにこんなふうに声を掛けていたと聞きました。

「今、自分ができる精一杯のことをやれ。今日は疲れたからここでやめる、と思えばやめろ。疲れたけど自分はやりたい、やったほうがいいと思うのならやれ。もうちょっとやればよかった、というのは許さない。自分はこれだけやった、これで負けてもしょうがない、これが自分の力だ、そう思えるまでやれ。それがベストを尽くすということだ」

ベストジャッジを毎日すると、いざ闘いになった時、負けても勝っても悔いが残りません。それこそが自分の実力だからです。

実はその心構えが試合の結果を左右します。負けても勝っても、それが自分たちの実力だと肚を決めれば、そのチームは試合を平常心で戦えます。それが勝利につながります。「自分は試合を楽しむことができた」と表現するアスリートたちは、実はその境地にあるんじゃないでしょうか。

ところが、やれたのにやらなかったら「しまった、あそこでやっておけばよかった」と平常心を失うことになり、それが敗北につながります。

「Do your best everyday.」は社長に対する箴言でもあります。日々、ベストの判断を下しなさい。ベストを尽くしていなければ、「あの時にやっておけば結果は違ったかも」と将来、仕事上の禍根を残します。そして自分の実力はこんなものじゃない、と思い続けることになります。

将棋の羽生善治さんと対談したときに伺った話があります。

対局中、ある局面で、こう指すべきだという定跡があるときに、どうしても自分はその定跡とは別の手を指したいことがあるそうです。永世七冠の称号を持つ天才です。定跡から外れた手を指して、もし負けたらみっともない。でも指したい。どちらを選ぶか。

羽生さんは定跡から外れても指したい手を選ぶそうです。なぜか。

定跡を外した手を指して勝てば満足です。たとえ負けたとしても、自分がどうしても指したい手を指したのだから悔いはありません。これが自分の実力だと諦めることができます。ところが、もし自らの意に反して定跡通りに指し、負けてしまったら、「なぜ思った通りに指さなかったのか」とずっと悔やむことになります。

これを聞いた時、社長の経営姿勢とまったく同じだと感じ入りました。社長が判断を下す時、ベストジャッジかどうかは結果が成功か失敗かで決まるのではありません。その判断が、その時に自分が信じたことかどうか。自分がこの選択が最も正しいと信じたことが、ベストジャッジなのです。

反省も後悔もしてはならない

日々ベストを尽くしていれば、後悔することはありません。

二〇一九年三月、イチロー選手は引退会見で、

「球場であんなものを見せられたら、後悔などあろうはずがありません」

と語りました。

東京ドームでの最後の試合が終わると、イチロー選手は球場全体から熱い拍手喝采を浴びました。日本のファンからあれだけの感謝と称賛とねぎらいの拍手を受けて、後悔や反省の言葉を口にできるわけがない、そういう心持ちだったのだと思います。彼は、

「人よりも頑張ったとは言えないが、自分なりに頑張ってきたとはっきり言えます。それを重ねることでしか後悔しない生き方はできない」

とも話しました。

我が意を得たり。日々ベストを尽くしていれば、その結果が自分の紛れもない実力であり、それは後悔できない。後悔しても仕方がない。それはもはや過去のことであり、自分はもう現在から未来を生きているわけです。

二〇一八年六月二三日の沖縄「慰霊の日」、沖縄全戦没者追悼式で中学三年の女子生徒

が読み上げた自作の平和の詩「生きる」を聞いた時、はっと胸を衝かれました。

「私は、今を生きている。みんなと一緒に。そして、これからも生きていく。一日一日を大切に。平和を想って。平和を祈って。なぜなら、未来は、この瞬間の延長線上にあるからだ。つまり、未来は、今なんだ」

おお、そうか、と思いました。これまで教科書通りに「過去・現在・未来」と単純に考えていましたが、過去の出口は未来の入り口になる。過去の延長線上に現在があって、現在の延長線上に未来がある。現在は瞬間だから、瞬間瞬間がすべて未来につながる。私たちはもう既に未来のとば口に立っている、ということです。

そう考えれば、社長も社員も、いまの瞬間の生活が常に大事になるはずです。それを日々問わなければなりません。「Do your best everyday.」と。

逆に言えば、後悔や反省にはそれなりの意味しかないということです。「しまった、あの時、あれをすればよかった」。そんな過去への思いに何の意味があるのか。後悔したり反省したりすると、いかにも何かをしたような気分になります。しかし実際は何もしていません。「あれをすればよかった」と思ったからといって、「あれ」をしたことになるわけではないのだから。

私たちができるのは、「しまった」と思わないように、毎日を生きることです。自分のベストの日々の積み重ねが自分の実力になるのです。

だから私はトップの条件として「忘れる」ことを挙げます。過去は振り返らない。実際に私自身、過去のことはすぐに忘れてしまいます。よく社長時代の出来事を持ち出されて、

「いや、あのときはひどく怒られました」

と言われたりしますが、本人はほとんど覚えていません。

「社長時代、ものすごく褒められました」

これも覚えていません。社長としての成功体験もだいたい忘れてしまいます。大失敗した金額はさすがに覚えていますが、何億円儲かったのかなんて覚えていません。

成功を喜んでいるのは自分だけで、他人はほとんど関心がないだろう、そう思っているから本人も忘れてしまうのでしょう。これは生来の資質なのかもしれません。あるいは、すでにボケているのか。いや、「忘れる」のは能力です。

過去のことは忘れていい。むしろ忘れたほうがいいのです。少なくとも過去に執着してはいけません。大事なのは未来につながる現在です。

孤独に負けない

社長というものは孤独です。第一章でも少し触れましたが、最重要の判断を迫られたときにも相談する相手は一人としていません。孤独に耐えられるかどうか。そのとき、それまでどれだけ強く生きてきたかが試されますが、孤独が人を強くもします。

「社長が孤独でなければ、その会社はうまく回っていかない」

というのが私の信念です。

私自身の体験として一二年もの間、社長と会長を務め、そこに共通して求められた資質は「孤独に負けない」ことだったと思います。

具体的には、第一に自分が抱え持っている問題や困難、情報を他人に話さない、ということです。いくら箝口令を敷いても、話せば必ず広がります。秘密は保てないと思ったほうが賢明でしょう。

側近と呼ばれる人間でも同様です。ましてや家族は推して知るべし。

自分がつらい状況にあるときほど、人はどうしても他人とそのことを分かち合いたくなるものです。はたして自分の判断は正しいのか。このままで大丈夫なのか。自分一人では不安になります。

不安になって自分以外に同意なり反対なりの意見を求め、それを判断の拠り所にしようとするわけです。意識せずとも、無意識にそうして楽になりたくなります。そこを耐え忍ばなければならない。

少なくとも自分の会社が大きな事業なりプロジェクトなりに着手するときには、話すのは最低限のことに留めるべきです。必要なことだけを話し、肝心なことは黙して語らず。「孤独に負けない」とはそういうことです。

そもそも本当に重要なことは人に話せるものではありません。『戦争の大問題』（東洋経済新報社）の取材で私は戦場体験者に話を伺いましたが、兵士として戦争を体験した人は、自分の息子や娘に対してさえ戦争のことをほとんど話していませんでした。

一言二言で説明できるものではなく、たとえ説明しても理解されることではないからです。そもそも戦争に行って自慢すべきことなど何もありません。人のものを奪った、人を撃った、人を殺した。そんなことを軽々と口にできるでしょうか。

戦争体験者全員が口をそろえて言ったのは、

「戦争だけは絶対にやるべきではない」

ということでした。全員が言うということは、欲得に基づく発言ではないということです。

私も中国大使時代、言いたくても言えなかったことがあったし、死ぬまで言えないこともあります。そのほうが日本のためになるという判断です。そうした孤独は覚悟の上の仕事でした。

語ることによる孤独にも触れておきます。

リーダーになれば、正しいと思ったことは正しいと言い、間違っていると思ったことは間違っていると発言すべきでしょう。ところが、今の世の中は、発言して当然と思われる立場のトップや有識者、マスメディアさえ孤立と白眼視を恐れて口を閉ざしています。「沈黙の螺旋」という言葉があります。同調を求める社会的圧力によって少数派が沈黙を余儀なくされていく過程を示した言葉です。この「沈黙の螺旋」が今の社会を支配しています。こんなときこそ勇気を持って発言することがトップの存在価値ではないでしょうか。

私はある金融界のトップに「なぜ発言しないのか」と問いただしたことがあります。「私の立場からは、なかなか発言できませんよ。ヘタなこと言うと、○○がこう言った、元○○がこんな発言をしたと大問題になりかねません」

そう言って沈黙を正当化していました。それこそが「沈黙の螺旋」です。同調圧力が強く、空気を読むことが求められる日本では、とくに孤独への耐性が弱いように感じます。

強い心で弱者の立場に立つ

孤独に耐えるためには、強い心が必要です。社長の絶対的な条件の一つに、私は「強い心を持つこと」を挙げます。

絶対に負けないぞ。負けてたまるか。何が起きても断固としてやり切る、自分の価値観を絶対に守るという強い精神力を持たなければ、激動の時代に次々に向かい来る困難をくぐり抜けることはできないでしょう。

私は若い頃から、「負けてたまるか！」という反骨精神が人一倍強かったと思います。いや、当時はそんなスカッと歯切れのいい言い回しなんかしていません。

「この野郎、今に見てろ！」

そんな荒っぽい言葉が思わず口から出ていました。といっても、相手を目の敵にしたり、恨んだりしているわけではありません。苦難や逆境に直面した時、自分に対して「絶対に負けるなよ！」と言い聞かせているのです。

私がヒラの取締役だったころです。役員会議で例によって言いたいことを遠慮会釈なく言っていたら、

「たかが取締役の分際でエラそうな口を叩くな！　おまえなんかに命令される筋合いはない」

と一喝されたことがありました。単なる取締役から常務取締役、専務取締役、代表取締役と権限が大きくなります。私はそのとき固く誓いました。

「この野郎、今に見てろ。絶対、常務になってやる！」

私の人生に一貫しているのは、権力に対する反発心と弱者に寄せる思いです。弱者に力を振るう強者も、強者に尾っぽを振ってすり寄る連中も許せない。大学時代に身を投じた学生運動の原点もそこにありました。

私がまだ平社員のころです。一つ年次が下の新入社員を、上司が同僚の面前で徹底的にいじめている場面に遭遇しました。新入社員は平身低頭で謝っているのに、上司は追及をやめない。部下の言い訳を上司は逐一撃破して追い込んでいくわけです。

職場はシーンとして誰一人言葉を発しない。そばでやりとりを聞いていた私は、ついに堪忍袋の緒が切れました。椅子が倒れるほどの勢いで立ち上がり、上司に啖呵を切りました。

「おい、いい加減にしろ！　本人はもう十分に反省しているじゃないか！」

上司と対峙することになりました。後で私は課長に呼び出されて諭されました。

「君、相手は上司なんだから、ああいう言い方はないだろう」

「確かに発言には気を付けなければいけませんが、でもあの態度は許せませんでした」

弱者の味方をしても、その時点で自分にプラスになることはないでしょう。しかし、他人の尊厳を無視するような行為を黙って見過ごしてはならない、という自分の信条を守ることのほうが大事でした。今なら違う対応もできますが、当時は血気盛んな若輩者でした。

リーダーは常に弱い者の立場に立たなければいけません。

人間の本性として誰でも強い者の味方をします。強い者は放っておいても活躍します。しかし、弱い者はいつも無視され虐げられがちです。それでは、いつまで経っても本来持っている力を発揮できません。

もしも弱い者がその力を全開すれば、その会社は強い者から弱い者まで持てる人材のパワーを最大限活用できる組織になります。だから弱い者が活躍できる会社は絶対に伸びます。

そのためには弱い者も強い者と同じように働くことができる環境を整えることです。ずーっと隅にいて目立たない社員がいれば、声を掛けるところから始めることです。

弱者の立場に立つのは、社会的な地位にある者の責務です。それが「ノーブレス・オブリージュ」（地位ある者の義務）の意味するところでしょう。「強い心」とは、負けない心であると同時に、弱者に寄り添える心のことです。

大企業と中小企業の関係でも同様のことが言えます。中小企業を大事にしてその力をフルパワーで発揮すれば、日本経済は必ず強くなります。

格好良い話ばかりで、「おまえはそんなに立派な人間なのか？」と読者の皆さんは呆れておられるかもしれません。筆を執る本人も「八〇にもなって……」と忸怩たるものがないとは言えません。こんな表現しかできないのも無様な事実。自分の一面かとこのままお読みいただくことにします。

部下のことを第一に考える

「自分第一」では、率いる組織・集団の規模や性格とは無関係に、リーダーとしては失格です。部下を第一に考えることはリーダーの基本であり、最も重要なリーダーの条件でもあります。

そのためには、自分の立場、自分の利益を中心に考えないことです。リーダーとは「世のため、人のために尽くす人」だと私は思っています。自分の利益や保身に汲々としていたのでは、社長はおろか課長も部長も務まらないでしょう。

できる限り私利私欲にとらわれず、弱い立場にある部下を守り、たとえ不利な状況に置かれても、自分の良心と信念に従う。遠くにある理想の姿ですが、だからこそ一歩でもそこに近づくよう努力を続けるしかありません。

たまたま訪れた福島県二本松市の二本松城址にある「戒石銘碑」という石碑からも、そのことを教えられました。二本松城は二本松藩主、丹羽氏の居城です。私と同姓ですが、系譜的な関わりはありません。この戒石銘碑にはこう刻まれています。

爾俸爾禄（なんじの俸　なんじの禄は）
民膏民脂（民の膏　民の脂なり）
下民易虐（下民は虐げやすきも）
上天難欺（上天は欺きがたし）

「お前が手にする富はすべて民の汗によるものだ。下々の民を虐げることは簡単だが、天を欺くことはできない」という意味です。

「お前が下々をいじめていることを神様が見ているぞ。民を苦しめて永らえた国はない。身を慎み、民を大切にせよ」という戒めです。

北宋時代の君主・太宗（九三九〜九九七年）が、配下の官吏・役人の戒めとした「戒石銘」を南宋時代の君主・高宗（一一〇七〜一一八七年）が州県に頒布して官史の心得とし、さらに五代藩主丹羽高寛がやはり藩士の訓戒とするため、石碑に刻ませたとされます。

この戒めが官吏・役人たちに効果を発揮するためには、ある条件が必須です。その条件とは君主自らが「戒石銘」の四句一六文字を最も堅く守る、ということです。

人は上の振る舞いを見て、その行いにならい、自らの身をただします。トップに「戒石銘」の心がけがなくて、どうして配下の役人たちの行動があらたまるでしょう。

この句は、いま世界中の政官財界を問わず、すべての指導者、とりわけ日本の大企業の一部トップに向かって投げかけられるべき忠告の言葉だと思います。

繰り返しますが、どんな組織の会社であれ、トップを支えているのは紛れもなくその社員です。社長はその地位や権力が社員の支持の上に成り立っていることを心しておかねばならないし、その実績や報酬が実は社員の汗の賜物であることを胸に刻むべきだということです。

民に支えられている為政者が民を虐げ、ないがしろにしていれば、必ずその国は滅びます。それは歴史が証明しています。

自らの権力だけを求めて地位にしがみつき、社員を忘れて私利私欲をむさぼるような社長も、やがてその身を亡ぼすことになります。これもまた、過去を振り返れば明らかです。

私心や私欲を捨てる

経営は自分の身を捨ててでもやるという不退転の決意がなければできません。社長は自分の身を第一に考えてはいけない。経営成功のカギは、私心や私欲を捨てて事に当たったかどうか、名誉やお金を顧みずに大義のために決断したかどうかだと思います。

そんなふうに書くと、宗教者か聖人君子のように聞こえるかもしれませんが、経営は突き詰めていくと宗教や倫理に行きつくというのが社長を経験した私の実感です。それは何も突飛な考え方ではありません。

ドイツの社会学者マックス・ウェーバー（一八六四～一九二〇年）は『プロテスタンティズムの倫理と資本主義の精神』で、本来、資本主義は企業経営者自らが高い倫理観を持つことが必要であると論じています。

資本主義という経済システムは、放っておくと営利追求そのものが自己目的化してしまって歯止めが利かなくなります。我欲を捨てられないのが人間の業であるように、それが資本主義の業でもあります。

初期の資本主義は、ウェーバーの言うピューリタニズム（プロテスタンティズム）の倫理観が、資本主義の持つ業をチェックする役割を果たしていました。その資本主義の精神の源流は、マルティン・ルター（一四八三〜一五四六年）による宗教改革の天職倫理から宗教的色彩を除いたところにあるように思います。これが後年、ウェーバーの中では、神が与えた天職に禁欲的に励むことで神の意志がこの世に顕現し、自らが救われる、そういう考え方によって利潤追求が肯定されたわけです。こうした天職と禁欲、貪欲の抑制こそがウェーバーの言う、ルターを源流とした「資本主義の精神」だったのです。

二〇世紀に入ってからは、思想的には社会主義がこの役割を果たしてきました。平等で公正な社会を目指すことで、資本主義における欲望の肥大化をチェックしようとしてきたはずでした。

ところが、社会主義体制が全面的に崩壊した一九九一年以降、資本主義は膨張を続け、今や一国家を崩壊に至らしめるほどの猛威を振るうようになっています。

ウェーバーの思想は、実は伊藤忠商事の創業者である近江商人の伊藤忠兵衛（一八四二〜一九〇三年）の理念と重なります。もちろん近江商人にはいろんな人がいましたが、神仏への信仰が篤く、規律道徳を重んじました。だましたり、ごまかしたりせず、信用と信頼を大事にしたのです。

近江商人からは、有名な「売り手よし、買い手よし、世間よし」という「三方よし」という言葉も生まれ、伊藤忠兵衛は「商売は菩薩の業」と語りました。そこには「商売は世のため、人のため」という思想が息づいています。

そうした精神に裏打ちされて初めて資本主義はうまく回っていくように思います。資本主義の暴走に歯止めをかけるのは、人間社会が長らく受け継いできた宗教や倫理観しかありません。求められているのは、日本の精神風土の中で培われてきた謙虚さや自律自省の精神にあるのではないかと私は思います。

もちろん、日本的な伝統がすべていいわけではありません。付和雷同や事なかれ主義は百害あって一利なし。平和を重んじ、人間同士のつながりを大切にする日本人の美徳を生かしながら、合理主義と個人主義といった欧米の特長を取り入れていく必要があります。

「清く正しく美しく」生きる

ある世界的な大富豪は、「経営で成功する条件には三つある」と言っています。

一つ目は、生き方が誠実であれ。二つ目は嘘をつくな。三つ目は方向性を間違えるな。

最初の二つは単純明快、非常にわかりやすい条件です。三つ目の「方向性を間違えるな」は、例えば一獲千金を夢見て博打のような試みは企業として進むべき道ではない。結果的に儲かることがあっても、それは方向性を間違えている。人が見ていようといなかろうと、汗水たらして働くことが経営で成功する条件である。私はそんなふうに解釈します。

そして、嘘をつかない誠実な生き方は、経営だけではなく、一人の人間として成功する条件でもあると思います。

私の言葉で言えば、「クリーン、オネスト、ビューティフル」。すなわち「清く正しく美しく」。前述したように社長になった時に、社員の意識改革を促すために呼びかけた言葉です。

それを言葉だけのお題目に終わらせないためには、会社を率いる社長自らが実践しなければなりません。社員はトップの言葉ではなく、背中を見て、この人はほんとに信用できるかどうかを判断するからです。

私の実家は名古屋で書店を営んでいて、屋号は「正進堂」でした。「正しく進め」。幼いころより祖父母からは「まじめに生きろ」「一生懸命にやれ」「嘘をつくな」と言われてきたように思います。

あなたは言うかもしれません。清く正しく美しく？　修身の教科書や宝塚じゃあるまいし、それは聞こえの良い建前論であって、弱肉強食の強欲資本主義が世界を席巻している現代、日本の社長もグローバル・スタンダードに合うようマインドをリセットしなければならない、と。

私はそうではないと思います。

ジャングルでの闘い、弱肉強食の価値観とは、強い者が弱い者に勝つ。そこには倫理も道徳もなく、あるのはただ強ければいい、どんなことをしてもお金さえ儲ければいい、という考え方です。

問題は、それが「人間として幸せかどうか」ということではないでしょうか。強ければ幸せになるのか。金さえあれば人間は幸せか。

世の中にはとんでもない大金持ちがいて、とんでもなく贅沢な生活をしています。豪邸に住んでいます。別荘もあります。高級車を何台も持っています。愛人もいっぱいいます。欲しいものは何でも欲しいだけ手に入れることができて、みんなちやほやしてくれます。

はたして幸せだろうか。一時的にはハッピーでも、長続きはしないのが世の常です。

そういう生活をあなたはお望みですか。お望みならどうぞおやりなさい。だけど、あなたは人生の最期に「ああ、いい人生だった」と思って旅立てるだろうか。

年収と幸福度の関係を研究する調査はいくつかありますが、収入が増えるに従って幸福を感じるのは、だいたい年収七〇〇万~八〇〇万円までです。それ以上はいくらお金があっても幸せには感じられないそうです。裏返せば、それまでは一生懸命働いて貯金して、欲しいモノが買えたときには、胸いっぱいの感動、感激があるということです。

健康の有り難みは、病気やけがを苦労して克服した人こそ知ることができます。ずっと健康な人にはわかりません。同様にお金持ちにはお金の有り難みがわかりません。汗水流して働いて得たお金こそ「有り難い」のです。

実現不能な高みに近付け

だから嘘をついて近道をしようなどとせず、誠実に仕事に取り組むことです。苦労して困難を乗り越えて何事かをやり遂げたときこそ感動、感激が得られます。そこで自分の力を我がものとして実感できるからです。楽をして思い通りになっても喜怒哀楽の起伏はありません。

苦労をするなかでこそ弱い者の気持ちもわかるようになります。わかったうえで弱者に手を差し伸べて、涙を流して喜ばれれば、それは自分の喜びにもなりえます。そうしたなかで人間として育てられもします。

だから太陽よりも北風に向かって進む生活のほうが人生を豊かにできる、最期に「ああ、いい人生だったな」と言える、と私は信じて疑いません。

「弱肉強食の世界では生き残っていけない」と言うけれども、大丈夫、生き残っていけますよ。ただし、それはしたい放題できる生活ではありません。そんな生活は幸せでもなんでもない。嘘をつかない、誠実に生きる、それで普通の生活ができれば、それが本当の幸せじゃないでしょうか。

これは何も社長に限ったことではなく、社員に限ったことでもありません。人としてどう生きるかという問題です。

ただ、私にとっては仕事が人生であり、人生が仕事でした。そして仕事によって人生がそれなりに磨かれました。だから仕事において「クリーン、オネスト、ビューティフル」、清く正しく美しく行動したいと自ら願い、他人にも行動することを求めるのです。

清く正しく美しく生きる。あまりにもまっとうで、あまりにもありきたりで、つい軽んじてしまいそうな言葉です。しかし、実はこの世の誰にも達成できない、いや人間が根源的に実現できない激しく厳しい生き方です。

それは人間の歴史を振り返れば明らかでしょう。古来、人間はお金に狂い、権力に溺れるという歴史を繰り返してきました。企業にしても昔から不祥事を重ね、いっこうに止む気配はありません。ごく最近も、みなさんがよく知る多くの欧米有名人の名前が新聞を賑わせました。

孔子（紀元前五五二〜同四七九年）は『論語』において、人が修めるべき徳目として「仁・

義・礼・智・信」の五常を説きましたが、裏返せば孔子の時代から今日と同じように、人間は嘘をつき、奢侈を好み、他人よりも自分の利益を優先していたということです。

われわれは聖人君子ではありません。むしろ同じ過ちを繰り返す、実に度し難い生き物です。人間の本性たる強欲で自己中心的な「動物の血」を消すことはできないでしょう。だからこそ常に「クリーン、オネスト、ビューティフル」を意識し、自らを省みて行動する。そして、この実現不能な高みにある理想に少しでも近付こうと努めた人間に、最終的に人生の幸せはもたらされる。これは時代や地域を限定しない、人類普遍の真理でしょう。

八〇年の間、それなりの人生経験を積み、古今東西の書を読み継いできた私は今、つくづく人間の幸せとはそういうものなんだろう、と思うようになってきました。

第三章　報酬と使命——社長で稼ごうとは思わない

「グローバル・スタンダード」への違和感

前章で「世の中にはとんでもない大金持ちがいる」と書きました。一部大企業の社長などがそうかもしれません。社長の役員報酬が注目されていますが、社長はいったいいくらもらっているのか。ちょっとデータを見てみましょう。

東京商工リサーチが二〇一九年三月期決算の上場企業の役員報酬を調べたところ、一億円以上受け取った役員は二七五社の五六四人で、前年の二四〇社五三八人を上回って過去最多を記録しました。最高額はソフトバンクグループ（SBG）副会長の三二億六六〇〇万円で、八人が一〇億円以上になりました（六月二八日時点）。

途方もない額だと思うかもしれませんが、これでも欧米のトップクラスに比べれば、決して高くないことがわかります。欧米の企業では経営幹部を他社から引き抜くケースが多く、高額な役員報酬が目立ちます。

デロイト トーマツコンサルティングが五ヵ国（アメリカ・イギリス・ドイツ・フランス・日本）の社長・CEOの報酬水準をまとめた調査（二〇一八年度版）では、日本の大企業トップの平均的な報酬水準は一億四〇〇〇万円で、前年度比三・七％の増加となっています。ただ、報酬水準は調査した五ヵ国中最低で、最も高いアメリカは一五億七〇〇〇万円と日本の一一倍に達しています。

行き過ぎた格差を避ける傾向が強かった日本企業でも、最近は役員報酬の高額化が進むようになりました。

「日本企業の国際競争力を強化するべく、欧米並みの水準を確保する必要がある」

そんな声の高まりを受けた動きです。日産のゴーン元会長も二〇一五年の株主総会で、自分の報酬は「グローバルな多国籍企業と比較して決めた」と述べていました。

昨今の経済界は「グローバル・スタンダード」という言葉を金科玉条のように掲げ、十分に検討することもなく過剰に適応しようという傾向が見られますが、ちょっと待ってください。どこかおかしくありませんか。

ここには報酬をめぐる根本的な誤りがあるように思います。

社長と乞食は三日やったらやめられない

日本には日本の歴史と文化風土に裏打ちされた経済社会システムがあり、欧米には欧米のシステムがあります。社会類型の用語で言い表せば、ゲマインシャフト（共同社会）とゲゼルシャフト（利益社会）です。

思い切りざっくりと表現すれば、農耕社会の日本では、お米や作物はお天道様や水の力、自然の力を借りながら、共同体を挙げて作ってきたという伝統と風土があります。息の合った役割分担と共同作業が問われます。

かたや欧米を形作ってきた狩猟社会では、獲物を捕獲してこない限り食べ物にありつけません。森の中に入って獲物を捕まえてきた仲間には、それを讃えて応分の分け前が与えられる。これが欧米の業績評価主義です。

アメリカでは、例えば一〇億円の役員報酬で社長に就任するという契約を交わします。金額が妥当かどうかは別として、社長にはその経営手腕に対する評価として報酬が支払われるわけです。会社の業績が振るわなければ、即刻クビか辞職です。

大リーグのホームランバッターと同じです。報酬は業績によって決まり、結果的に打てなければ翌年は減俸。翌年もダメなら、さらに減俸か契約解除です。

日本の企業が「グローバル・スタンダードにならえ」とばかり報酬額だけを増やすのは、木に竹を接ぐがごとき浅はかな行為です。

というのは、業績が上がればそれに応じて社長の報酬も上がる一方、では儲からなければクビになるかというと、なかなかそうはなりません。つまり、日本では社長ともあろうものが、おいしいところはちゃっかりいただいておきながら、リスクは負わない。どう考えても理が通りません。

社長は経営という重責を担うわけですから、儲かればそれだけ多くの報酬を受け取ればいいでしょう。場合によっては、欧米並みでもかまいません。ならば受け取り金額が大きくなって、業績がマイナスを計上した時は、それに応じて社長は会社に報酬を返上するなり、マイナス分を支払ったりするというのが理に適った考えでしょう。

儲けたらプレミアムで多額の報酬をもらうのに、大損しても少々の減俸で済むなんて、こんな楽な仕事はないでしょう。「社長と乞食は三日やったらやめられない」と言われる所以です。

儲かったらもらう、損したら払う。これが世の常識というものじゃないですか。以前は社長といえども多くの報酬を手にしていなかったため、会社が損をすれば、減俸はあっても会社に報酬を返すなんてことはありませんでした。しかし、社長が自分の業績の評価として高額の報酬をもらうならば、損失を出した場合は即刻辞めるか、マイナス分を会社に支払うくらいのフェアネスはあってしかるべきでしょう。

労働の価値を見極める

「グローバル・スタンダード」という見映えのする衣の下に隠れているのは、経済を動かしている人間の我欲ではないでしょうか。

「会社のため」と言いながら、実は会社が儲かれば自分の懐にそれだけリターンが入ってくる。自らの報酬のために無理をしてでも会社の収益を上げるようになってしまうのが、人間の本性というものでしょう。

「お金ではない」と言いながら、地位と収入だけを考える人間が日本だけではなく、世界中に溢れています。それは拝金主義的なアメリカニズムであり、真のグローバリズムにはなりえません。

巨額の報酬を受け取っている経営陣に一度聞いてみたいものです。

「そんなにお金をもらって、いったいどうするんですか?」

そして、こう尋ねます。

「あなたの給料を時間給に直したらいくらになるでしょう? 時給一〇〇〇円で働いている宅配便のアルバイトと会社にいるあなた、同じ一時間でもどちらが働いていると思いますか?」

社長時代、コンビニに行くたびに思っていました。レジのおばちゃんは立ったまま働きっぱなしで、当時は時給八〇〇円とか九〇〇円です。かたやこちらはコーヒーを飲み、無駄話をする一時間に、その何倍もの給料を稼いでいることになる。どっちが一生懸命働いているか。言わずもがな、おばちゃんです。

役員室から出るたびに、チャリンチャリンと天井からお金が落ちてくる音が聞こえて仕方がありませんでした。時給何万円か何十万円か。暇そうにしている社長が新聞を広げて読んでいるだけで机の上にチャリン。居眠りをしていてもチャリン。いらないと言っても次々に落ちてきます。そんな社長やリーダー、あなたのそばにいませんか。

要するに、社長たるもの、人間の労働の価値を自分でしっかり見極めてごらんなさい、ということです。

社長は役員報酬のほかに高級な社有車が付き、個室が付き、秘書が付き、交際費が付いてきます。例えば社長が年収一億円、社員が五〇〇万円で一月平均二〇日間働くとすれば、社長は毎日一分間で約一〇〇〇円チャリン、社員は約五〇円チャリンとなるわけです。トイレに五分行っても無駄話を五分しても、一〇分で一万円のチャリンの音が心地よく響くのです。

さて、私はこんなにお金をもらっていいのか。自分の労働にそれほどの価値があるのか。もちろん、価値ある仕事も少なからずしているでしょう。しかし、それがこれだけ多額の報酬に値するんだろうか――。

私はこうした時給計算をして、自分の労働にそれほどの価値はない、といつも思っていました。株主総会で「株価が上がった。社長はエラい！」と持ち上げられても、それは自分の成果ではありません。実際に現場で動いたのは社員です。

役員と社員の報酬格差を縮める

社長の巨額報酬にもあきれますが、さらに問題なのは役員と社員との賃金格差がどんどん広がっていることです。

東洋経済オンラインが上場企業の役員に支払われる役員報酬の平均と、その会社の従業員の平均給与とを比較したところ、従業員と役員の平均に一〇倍以上の格差がある会社は五〇〇社中一三三社、最大で約六〇倍の格差がありました（二〇一八年九月）。

ＣＥＯと従業員の報酬格差が最大五〇〇〇倍もあるといわれるアメリカには遠く及ばないにせよ、それにしてもべらぼうな数字です。

日本の会社に根付いた社員の働き方は、個人主義と競争主義の欧米と違って、集団主義と協調主義、言ってみれば「全員野球」です。全員野球だから、社長がすべてを取り仕切っているわけではありません。社長の下に補佐する部下が多くいて、チームプレーで力を発揮します。

だとしたら、それに見合った報酬にすべきでしょう。私は社長時代、役員や社員の責務や業績を賃金に反映する方程式を報酬委員会で作成し、実施しました。

例えば、社員一〇〇人がいて一〇億円儲かったとします。さぁどうやって配分するか。一人一律一〇〇〇万円ということはないでしょう。仕事の内容や量によって当然、差を設けることになります。

社長の負担や責任は他の社員よりは比較的多くなります。社長は何よりも自分の身体も家族も犠牲にして会社の事情を優先しなければなりません。例えば一〇％にします。ならば副社長は五％、常務は三％……と決めていくと、役員全体で三〇％ほどになります。残り七〇％を社員で配分する、というような報酬の方程式を作りました。

もちろん、それほど単純ではありません。会社全体の利益に対して、食品、繊維、機械など部門ごとの割合をはじき出し、部長、課長といった役職ごとにも割合が決まっています。自分の目標に対して何パーセント達成したかも点数に反映させます。

こうしたデジタル評価に加え、最後の一〇％は「上司の評価」というアナログ評価を繰り入れます。

「そうは言っても総合的に見ると、彼はよくやっているよ」

「儲けには結びついていないけれど、去年から見ればずいぶん伸びた」

もともとの給料には、成果主義を取り込むようにしました。すなわち年収のうち一定比率を生活保障向けの固定給（月給）にして、残りを変動給（ボーナス）にして、成果と実績に応じて支払うというシステムです。

責任の重い仕事をしている人ほど変動給の比率を高くして、儲かれば変動給は二倍になったり、損をすればゼロになったりすることもあり得ます。固定給は職務・職責に応じて決めました。部長になったら五万円アップという具合です。固定給が上がれば、それだけ変動給のベースも上がります。

さぁいろいろ考えて相当入り組んだ方程式を作ったはいいものの、いざ実施してみると、いろいろ不都合が生じてきました。

例えば、機械部門の収益がポンと上がったら、当該部長の報酬が取締役を超えてしまいました。これはまずいということになり、「業績がいくら良くても報酬は前年の二倍まで」といった上限を設けることにしました。逆にいくら業績が悪くても、マイナスにも下限を設けます。

そんなふうに上限下限を調整しました。ざっくり言えば、「個人の能力、その時々の経済状況によって給料は変わる。ただ限度は一応設けます」という賃金制度を導入したわけです。

その時々の経営上の有利不利があるので、いずれにしても完璧な方程式はできません。大切なのは、成果に応じてリターンがある、不公平感の少ない最良の制度を修正しなから模索するということです。

そして、報酬の情報公開を社長自らが率先して手がけることです。今いくらもらっているのか。それはどういう計算なのかをきちんと伝える。

私が〝TDR〟と呼んでいた統治の三原則、「透明性（Transparency）」「情報公開（Disclosure）」「説明責任（Responsibility）」の遵守。それがガバナンスの要諦です。

お金では買えない価値を見直す

働く者にとって賃金は非常に重要です。しかし、今の社会はアメリカのように、あらゆることをお金に換算するようになりました。

仕事の重要性は給料の多寡で判断し、企業の成長は業績の好不調で評価し、国家の強さはGDP（国内総生産）の大きさや経済成長率で測るようになっています。とくに外資系の企業は、仕事の達成度をすべてお金で換算します。その影響を受けた日本も金銭第一主義、利益第一主義の傾向が強まってきました。

メディアが大々的に報じる「社長報酬ランキング」といった記事も、そうした意識の表れでしょう。

とはいえ、世の中にはお金で評価できないものがあります。例えば顧客との信頼関係から生まれた成果や、未来の社会に役立つ発見など、それぞれの仕事には独自の価値があると言っていいでしょう。

すべてお金で評価できるようなデジタルな仕事は、ロボットがする労働と変わりません。ロボットと同じような仕事で提供する製品やサービスには、自ずと限界があるでしょう。

社長も、数字でしか物事を判断・評価できなければ、それはロボットと一緒。これから日本の社長が考えなければいけないのは、お金で買えないものを大切にした経営です。行き届いた配慮や清潔さなどお金では買えない日本の強みがあります。それらが会社の存続を根底から支える「信用」を築くのです。

国際競争力とは今後、そうした目に見えない価値を含んだうえで決まっていくと思います。それらを大事にしなければ、これからの国際社会で日本は日本の良さを保ち生き残ってはいけないということです。

一方、社員は賃金という「見える報酬」ばかりではなく、お金で買えない価値を会社から得ているはずです。この仕事をすることで視野が広がった、自分なりの価値観を持ちえた、生涯の友人に出会えた——。

それらはいくらお金を払っても得られない「見えざる報酬」です。人は仕事によって磨かれます。仕事で悩み、苦しむからこそ人間的に成長するということです。

中小企業の社長にこそ学ぶ

さて、今ここで対象としている「社長」とは、大企業の社長を指しています。

日本の企業の大多数を占める中小企業の社長の場合、自分が投じた資金で会社をやりくりしています。責任はすべて自分が負わなければいけません。儲けても損をしても、すべて自分持ち。会社を活かすも殺すも社長の一存です。潰れれば一家も従業員も路頭に迷います。自分の財産と身体をかけているだけに、経営も文字通り命がけです。

ところが、大企業のサラリーマン社長は違います。人さまのお金を使った経営であり、会社が損失を出しても自腹を切るわけではありません。どんな立派な社長でも、自分の財産や身体をかけているわけではないでしょう。

もちろん例外はあるにせよ、私の経験で言えば、大企業よりも中小の社長のほうが経営の何たるかがわかっているし、トップとしても性根が据わっています。中小の社長も口に出して言わずとも、大企業の社長を内心では必ずしも経営者の鑑《かがみ》として考えているわけではありません。私自身、会社人生を通じて、中小企業の社長から大いに学ばせていただきました。

大企業にとっての一〇〇万円と中小企業の一〇〇万円では重みが違います。その意味で、お金の本当の価値を知っているのは中小の社長でしょう。

今から四〇年ほど前、私が課長だったころ、苦境にあった中小企業に「うちが面倒を見ましょう」と数百万円を都合したことがありました。その社長がどれだけ喜んだことか。

「本当に助かりました。あなたは命の恩人です」

「いや、大したことではありませんよ」

「あなたにとって大したことがなくても、我々には非常に大きな金額なんです」

私はそれ以来、部下には、

「交際費は大企業のために使うものじゃない。中小企業のために使え」

と訴えてきました。

大企業の場合、接待の経費は会社の交際費から出ます。だから、その重みがわかっていません。しかし、中小企業の社長が例えば私にご馳走しようと思ったら、すべて自分の懐を痛めて捻出することになります。

大企業の社員は、そういうことをすべて理解したうえで中小企業と付き合ってほしいと思います。御しやすい相手と足元を見て、ダンピングを迫るなどもってのほかです。そんなことで長いお付き合いができるわけがありません。

相手が困っていたら、こちらがリスクを負っても手を差し伸べる。そうして築いた信頼関係があるからこそ、いざという時には向こうから助け舟を出してくれるのです。

リーダーが陥りやすい罠

交際費の話が出たので、接待をめぐるエピソードを一つ紹介しましょう。

社長ともなると、接待される機会も多くなります。私も社長、会長時代、ご馳走になる機会が一気に増えました。多くは普段は行かないような高級レストランや高級料亭です。

「お好きなものをどうぞお選びください」

と渡されたワインリストを見ると、一本二〇万円も三〇万円もするワインが並んでいることがありました。最初はケタを間違えたかと目を疑いました。

普段は絶対口にしない高級ワインです。一口飲んだら五〇〇〇円。時給一〇〇〇円のアルバイトが五時間、一生懸命に働いた対価です。一般の感覚からは、かけ離れています。しかもそのお金は、相手会社の社員が働いて稼いだものでしょう。

私の飲むワイン一口にそれだけの価値があるとは到底思えないし、だいたい一口飲むごとにそんなことを考えていたら、せっかくのワインがちっともおいしくありません。こういう時は丁重にお断りすることにしています。

「いや、せっかくのご好意に大変申しわけないのですが、値段に関係なくおいしいワインをいただきたい。私は自分が飲むワインは一万円以下のものと決めているんです」

ところが、あいにくその店には一万円以下のワインを置いてなく、仕方なく一万五〇〇〇円のワインにしてもらいました。

お金にこだわる金銭第一主義に染まると、いつの間にか金銭感覚が狂ってくるという逆説的な事態を招きます。それが象徴的に表れるのが接待の場です。

一本二〇万円のワインを飲みたいのなら、自分のポケットマネーで飲めばいいでしょう。「どうせ、ただ酒だから」と嬉々としていただく心根は、卑しいとしか言いようがありません。あるいは、自分がそれだけ高級なワインを飲むに値する人間だと思っているなら、勘違いも甚だしい。

接待する側も自腹ではなく、会社の経費だからこそ大盤振る舞いできるわけです。もちろん、接待となれば、相手に失礼のないよう場所にも雰囲気にも配慮は必要です。しかし、自分の懐が痛まないからといって、分不相応の無駄遣いは自重するべきでしょう。

私は中国大使時代にも、接待にはある一定の基準を設けていました。中国人はお店も飲食も高級なほど喜びます。だからといって、こちらは国を代表しているわけですから、そこには自ずと節度が求められます。相手との関係をしっかり見据えて遇する必要があります。高級な店に招かれればいい気分だし、奢ってもらうとなれば悪い気はしません。とはいえ、自分が今飲み食いしているその代金は、いったいどこから出ているのか。誰が稼いだお金なのか。そのたびごとに自分で問うてみることです。

そうしなければ、他人のお金で飲み食いすることがいつの間にか当たり前のことになり、果ては「自分はそれに足る特別な存在だ」と増長してしまいます。普通の感覚から遊離して、自分を見失ってしまうわけです。

この「普通の感覚」「世間の常識」は、ビジネスをするうえでも不可欠のセンスです。これは何も飲食の場だけを指しているわけではありません。たとえプライベートであっても、あらゆる饗応、優遇、便宜には落とし穴があることに思いを致す必要があります。社長に限らず、人の上に立つリーダーが陥りやすい罠です。

世間並みの自宅と大衆車で十分

率直に言えば、社長になってできるだけ稼ごう、儲けよう、懐を潤そうという気持ちが少しでもある人間は、社長になるべきではないと私は思っています。社長は自分のことはさておいて、「会社第一」「社員第一」に考える存在でなければなりません。

私自身のことで言えば、もともとお金やものにはまったく執着のない人間でした。若いころは、お金を貯めることを一切しなかった。母親からもらった小遣いもアルバイトで稼いだ金も一日一晩で使っていました。

結婚式費用をワイフが半分出したのは知っていますが、残りは誰が出したのか、亡き父母には聞かずじまいとなり、お恥ずかしいことにいまだにわかりません。

入社後の独身時代は、友達や先輩に時折借金してはボーナスで返していました。子どもができてからは、さすがにこれではまずいと思い、給料はすべてワイフの懐に直行です。私自身はいくら給料をもらっているのか知らず、キャッシュレス社会を先取りしていました。

社長時代のことでした。取材のため「夜討ち朝駆け」を狙う新聞記者から単刀直入に尋ねられたことがありました。

「社長のご自宅を探したんですけど、どうしても見つからないんです。どこにあるんでしょうか？」

社長というと、都心の大邸宅に住んでいて、自家用車もベンツかＢＭＷだという先入観があるようです。私は身の丈に合った生活をすべく、郊外にある、課長時代に新築した世間並みの住宅に住んでいました。車も動けば何でもいい。記者に言いました。

「君たちは大きな家を探すからだよ。車？　車はずっとカローラだ」

それから記者の間では「カローラを探せ」ということになったらしい。しばらくすると、目当ての車を見つけて自宅にやってきました。

こんなこともありました。私は後で知ることになるのですが、会社が建設したビルのために日当たりが悪くなった建築物がありました。不動産の関係者が日照権を掲げて、賠償金を支払うよう会社にクレームをつけてきていたようです。

しかし、一定の日照を確保できるよう建設し、法律には違反していないため、会社に支払う義務はありません。埒が明かず、休日に先方が私の自宅に直接押しかけて来たそうです。

ところが私はあいにく不在でした。我が家は見るからに庶民の家、駐車場の車も年季の入った大衆車です。

「社長がこんなショボい家に住んでいるんだ。この会社からはとてもお金は取れないぞ」

拙宅の前でそんなふうに話し合い、賠償金をあきらめたそうです。

そんな問題が起きていることもつゆ知らず、翌日出社した私は、建設部門の部長から事の経緯を聞かされました。

「相手方が社長のお宅にお邪魔したら、『これは金にならん』と見切ってクレームを取り下げました。社長にお礼を申し上げます。ありがとうございます」

「そうか。おれも少しは会社の役に立っているということだな」

この話は社内でも有名になりました。

会社経営で最も大切なこと

中国大使時代も、基本給はすべて日本にいるワイフに入り、そこから私に回るようになっていました。中国大使として受け取る駐在手当の類にはいっさい手を付けず、貯まったお金は全部寄付してきました。

要するに、余禄としていただいたものは返すか、あるいは寄付するという主義でこれまでやってきたわけです。自著の印税にしても同様です。

「質素に暮らせ」と言っているわけではありません。私が言いたいのは、社長という仕事は、その報酬を当てにしてするものではない、ということです。相応の報酬を受け取るのは当然です。けれども、高報酬を目的にしてはいけない。

じゃあ何のためにするのか。

あえて言葉にするなら、今までお世話になってきた会社に恩返しをする、あるいは企業活動を通じて社会に貢献するためです。それは何も特別なことではありません。

会社経営でもっとも大切なことは、社員の雇用確保です。今の社会では脇に置かれたまま忘れ去られているようですが、それは企業のもっとも基本的な社会的責任でもあります。

ということは、その会社が存在し続けることが、すなわち社会的な貢献となります。法人税、法人住民税、法人事業税を支払い、地域の雇用を維持する。そのためには会社が持続できる経営をする必要がある。そういう意識を持って社長は職務にいそしむことです。

会社は儲かる時もあれば、損をする時もあります。それはその時々の景気動向にも社会情勢にも左右されます。

しかし会社は永遠です。重要なのは、そうした時勢にベストの対応をし、会社経営を次に引き継ぐこと、駅伝にたとえれば、たすきを次代に渡すこと、渡せるような経営をすることです。

社長の使命はそれに尽きるとも言えるんじゃないでしょうか。私は自分の後継社長を指名しましたが、経営についてあれこれ口を出したことはありません。ただ、経営陣にはこう伝えてあります。

「ただ一つ、私が君たちに言っておきたいのは『伊藤忠商事というたすきを落とすな』ということだ。たすきを落とせば駅伝は終わってしまう。絶対に会社を潰すな。もう心身が限界、まずいと思った時は自ら退いて、きちんと次の社長につなげてほしい」

そう申し渡したのが、私の社長最後の言葉になりました。

会社は誰のためにあるのか

「会社第一」「社員第一」を訴えてきた私のもとに二〇一九年夏、その信念を裏付けるとともに、二一世紀の資本主義のあり方を占うようなニュースが飛び込んできました。

アメリカ最大規模の経済団体「ビジネス・ラウンドテーブル」が八月一九日、数十年間堅持してきた「株主第一主義」を見直し、従業員や地域社会の利益を重視した事業運営に取り組むとする声明を発表したのです。

「企業の目的に関する声明」と題された宣言には、団体の会長を務めるJPモルガン・チェースの最高経営責任者（CEO）をはじめ、アップル、アマゾン、ゼネラル・モーターズ、アメリカン航空など、一八一人の経営トップが名を連ねています。

声明は顧客、従業員、サプライヤー、地域社会、株主（投機目的を除く）といった利害関係者の価値創造に貢献することが企業の目的だと述べ、具体的には従業員への公正な給与や手当て、地域社会の支援、環境の保護などを挙げています。

「企業は株主の利益のために存在する」としてきたアメリカ型資本主義の大転換とも言える言葉であり、自らの行動を改める言葉だけではなく、投資家への理解を求める言葉で

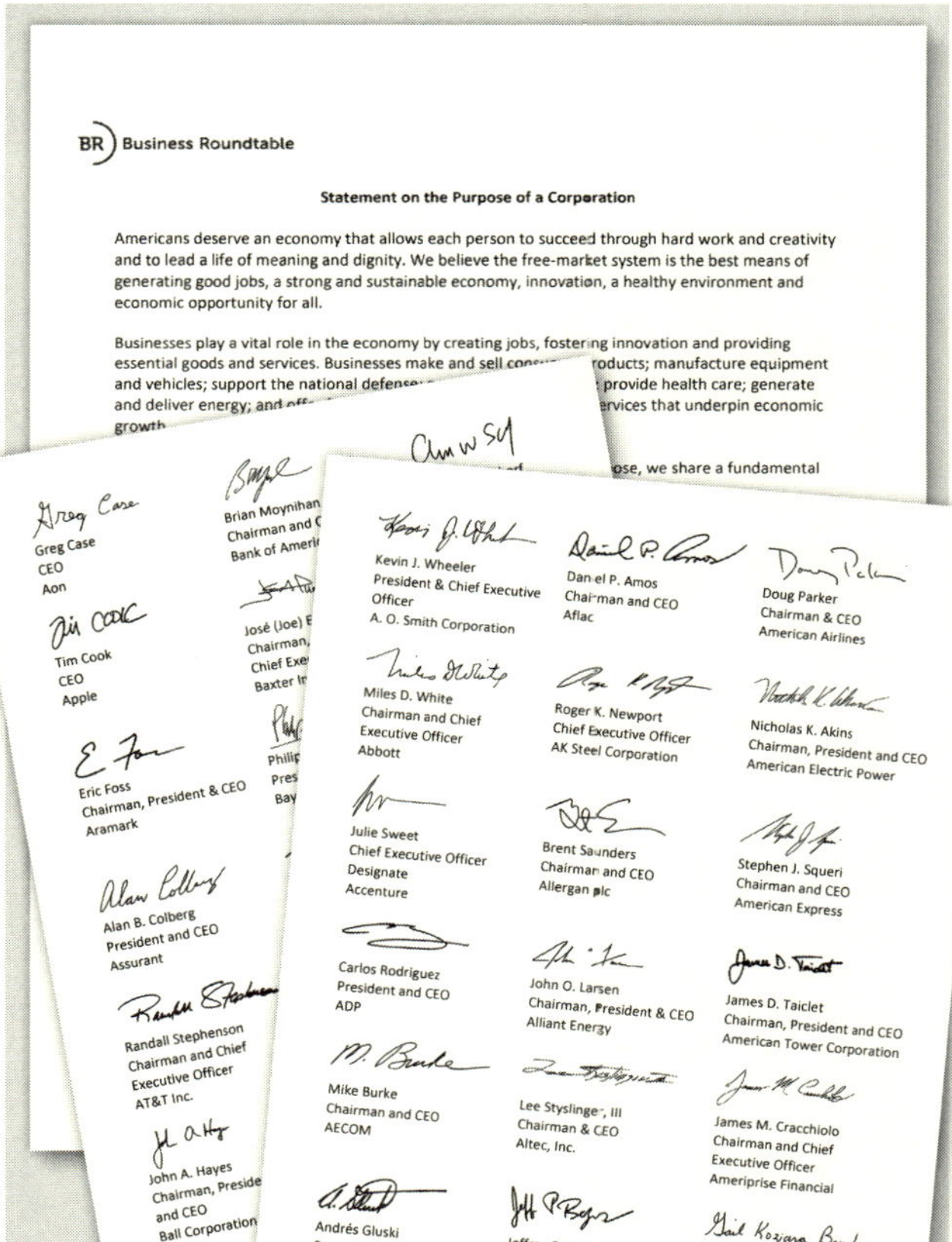

ビジネス・ラウンドテーブルによる「企業の目的に関する声明」。アップルのティム・クックCEO、アマゾンのジェフ・ベゾスCEOらの署名が並ぶ

もあるでしょう。声明を受けてニューヨーク・タイムズやウォールストリート・ジャーナルは、著名なCEOの言葉を次々と掲載しました。

「株主第一主義」は、ノーベル賞を受賞したアメリカの経済学者ミルトン・フリードマン（一九一二～二〇〇六年）が主著『資本主義と自由』（一九六二年）で提唱したことに始まります。フリードマンは一九七〇年にニューヨーク・タイムズへの寄稿で「企業の社会的責任は利益を増やすことにある」と宣言しました。

以後、「企業経営者の使命は株主利益の最優先と最大化」という経営理念がアメリカの資本主義の中核をなし、経営者のど真ん中にズドンと腰を下ろしてきました。

しかし現在の社会状況は、中間層が台頭して社会と企業の利益が一致していた戦後二〇～三〇年とは大きくその様相を変えています。すでに指摘してきたように、アメリカの大企業経営者たちは常軌を逸した報酬を得ている。声明は、格差拡大によって株主利益中心ではもはや経済が立ち行かなくなっていることへの危機感を示しているように思われます。

現代の資本主義を牽引してきた経営者たちが、資本主義とはいったい何のためにあるのか、会社は誰のためにあるのかという根本問題をいま、新たに問い直し始めたということです。

これは何もアメリカに限ったことではありません。二一世紀の組織形態を提唱したフレデリック・ラルーの著作『ティール組織』が各国で話題を集めています。

同書は人間が生み出した組織の形を五つの色で類型化しています。圧倒的な力を持つトップが恐怖で支配するレッド、軍隊的な階層構造を持つアンバー（琥珀色）、成果によって昇級可能なオレンジ、成果よりも人間関係を重視するグリーン、そしてリーダーの指示がなくても目的に向かって全メンバーが適切な判断を下せるティール（青緑色）です。

世界中の組織のあり方を調べたラルー氏によると、現在の企業で最も多いのはオレンジ組織ですが、上下関係がないフラットなティール組織を支持する個人や組織が今、世界で急速に増えているそうです。ビジネス・ラウンドテーブルの声明は、二〇一四年に発刊されたこの著作に影響を受けているのではないでしょうか。

一方、社外取締役や報酬競争などアメリカ型経営に無批判に追随してきた日本はどうでしょう。二〇一九年九月三〇日付日本経済新聞は、上場企業の自社株買いが加速し、成長に向けた投資よりも今まで同様、株主への還元を優先しようとしている企業姿勢を報じていますが、いつまでこの方針を続けるつもりなのでしょうか。

ビジネス・ラウンドテーブルの声明が示していた内容は、本書でも強調してきた「売り手よし、買い手よし、世間よし」という近江商人の「三方よし」の理念にも共通するものがあります。

二一世紀の新資本主義《ニュー・キャピタリズム》は、欧米のゲゼルシャフト的資本主義に、江戸後期から日本に根づいてきた日本資本主義のゲマインシャフト的色彩や、ティール組織の青緑色を添える方向へ進むのではないでしょうか。

第四章　自戒と犠牲——ビジネスは義理人情で動く

社長を辞めれば、ただのおじさん

社長はどういう思いをもって日々を送るべきでしょうか。

社長とは取締役ともども、株主から「あなたに会社を任せるから、一定期間、切り盛りしてほしい」という委託を受けた人間だと私は解釈しています。

自分の会社ではないので、わずかな期間、委託を受けて任に当たりますが、うまくやれない場合は辞めなければいけません。辞めた後は、働いて報酬をもらうのはいいけれども、働いてもいないのに報酬をもらうわけにはいきません。

一言で言うと、「社長も辞めれば、ただのおじさんになる」、私はそんなふうに言い表してきました。今もそう考えています。

私は社長の任期は六年と決めていたので、六年後には「ただのおじさん」になるのがわかっていました。しかも社長を辞めた後の生活のほうがはるかに長くなるのだから、両者の生活水準に格差をつくるのは暮らしていく上で、都合が悪いと考えていました。

ひとたび生活水準を上げて贅沢な生活に慣れてしまうと、今度は社長を辞めて生活水準を下げるときにみじめな気分を味わうことになります。だからワイフには「社長になって給料が増えても生活水準は上げるな」と伝えていました。

もともとお金のかかる暮らしをしていません。前章にも記したように、極端に言えば家は雨露をしのげればいいし、車も走ればいい。不自由を常と思えば不足なし。徳川家康の言葉です。

毎日の通勤には電車を使っていました。満員電車で雨傘をくっつけられたら冷たいし、夏は汗臭くて蒸し暑い。しかし社員はみんな、こうして通勤しています。その目線からずれたくありませんでした。

もちろん、社長の仕事上、社有車や飲食付きの懇談が必要なときはあります。けれども、それを誰からも後ろ指さされることなくやりたい。

私が心がけていたのは、常に世間の目線に合わせて生活することでした。

運転手付きで空調の効いた高級車で送り迎えしてもらい、会社のお金で飲食するような生活をしていたら、世間の常識からどんどんずれてしまいます。そのほうがよっぽど危険です。私の電車通勤をマスメディアは盛んに取り上げましたが、こちらからしてみれば至極迷惑なことでした。

もう一つ、満員電車に乗る生活を続けることによって、常に社長であることを自省するという意味もありました。社長だからといって贅沢で便利な生活を続けていれば、いずれ強欲で高慢、不遜といった人間の本性が増長してきます。満員電車は社長として倫理観を忘れないようにするための自戒の場になっていました。

退職後も私は電車で事務所に通っていました。普通のおじいさんと見分けはつかないでしょう。八〇歳を迎えると電車では座りたいし、歩いて帰るのは寒かったり面倒だったりします。でも普通のおじいさんは、みんなそうしています。

実際、会社を辞めた私が近所をぶらぶら歩いていたら、単なるおじいさんです。知っている人は、きっと「あの人、社長だった割にはしょぼくれてるねぇ」とか「こんな安いお店で食事しているよ」とか囁いたりしているかもしれません。こちらからすれば、大きなお世話です。

何事も一流に触れよ

私が続けた「普通の暮らし」とは、一見、真反対のことをこれから書きます。それは「社長は一流と接しなければいけない」ということです。前言撤回ではありません。一流と接することとは、「普通の暮らし」から乖離することとは違います。

一流になるには、一流を知らなければいけない。一流の大学、一流の企業、一流のレストラン、一流の異性……。一流の人に会って話をする、一流のものを見て触れる。

一流の経営者に接するのも大切です。その人が書いた文章を読んでもいいし、自らの体験を直接聞かせてもらえれば、一流の考え方や価値観がわかります。

話を聞く中で、「なんだ、一流と言ってもこの程度か」と思えたなら、世間はもっと広い、もっと多くの人に会うべきです。逆に「一流はやっぱりすごい」と感じ取れれば、それはそれで収穫です。なるべく一流と接する機会を増やしてください。

私が会社に入ったころ、そういう上司がいて、銀座の一流クラブに連れていってもらいました。日ごろは神田のガード下で一杯ひっかけている身には、「世の中には、きれいな女の子がいるもんだ」とドギマギしたものです。

しかし、上司からは早々に釘を差されました。

「ここの女性は精一杯サービスしてくれるかもしれない。でもそれはおまえに惚れたわけじゃないぞ。大企業の社員という肩書と懐のお金に惚れているだけだから勘違いするなよ」

そういう経験を重ねていくことで、一流と二流、三流の区別が付くようになってきます。

経営者やビジネスマンで一流と二流の違いは何でしょうか。例えば一流の人間は自分を制御できます。偉くなれば、周りから褒め称えられる機会が増えます。酔っておだてられれば、普通は舞い上がってしまいます。

しかし、一流の社長は無闇にはしゃぎません。平然として、「そうですか、それはありがとうございます」

心中は別として、それでおしまいにしなくてはいけません。

男女の出会いと同じく、人間関係は最初の印象が決定的です。真剣勝負で向き合わなければ早々に軽んじられます。

「自分を制御できる」とは、自分を客観視できるということです。平常心のまま自分を俯瞰してコントロールする。だから一流であるほど偉ぶった態度を示しません。偉ぶった社長がいたら、一流に接したことのない「井の中の蛙」だと思ってください。

普段から一流に接する経験をしていなければ、実際に触れた時にオタオタしてしまいます。相手を実力以上に大きく見てしまい、ビビって萎縮してしまう。そして、その場の空気にのまれてしまいます。

しかし一方で、一流と言っても所詮は同じ人間です。欲深い動物であることに変わりはありません。お金は欲しいし、おいしいものは食べたい。感じの良い女性が好きで、褒められればご機嫌です。偉そうな顔をしていても、一〇年も経てばヨボヨボのおじいさんです。

そうしたことも、経験しなければ実感としてわからないでしょう。おだてられて木に登ってしまうようでは一流にはなれません。

だから、将来が嘱望される若手社員には、エリート教育の一環として、なるべく早くに一流を経験する機会を与えるべきだと私は言ってきました。

社長は会社の人材としては先がありません。そんなところに高額の報酬を払うよりも、前途有望な若手にお金をつぎ込んで育てていったほうが会社のためになるはずです。

エリートの条件は、仕事に対する情熱、気力を継続して持ち得るかどうかです。知的能力は勉強する習慣さえついていれば十分です。大切なのは情熱、気力とともに明るさと精神力の強さ。そしてリーダーとして高い志を持続できるだけの倫理観を持っているかどうかです。

幹部時代の私はトップと付き合うことになりそうな前途有望な若手社員を、ホテルニューオータニにあるフランス料理の最高級店「トゥールダルジャン」などに連れて行ったものです。

ナイフやフォークの使い方からウエイター、ウエイトレスへの対し方、どんな料理とワインが出て、いくらぐらいするのか。高級店の経験がなく、まったく知らないとなると、本人ばかりか会社として恥をかきます。

芸者がいる料亭に連れて行ったこともあります。感動するか、がっかりするかは人によって違うでしょう。大事なのは、そういう世界があることを体験的に知ることです。

世界の真のエリートは寸暇を惜しんで勉強している

欧米人と付き合うと、ハーバードやオクスフォードなど一流大学を出ても「この程度か」とわかります。でも付き合っていなければ、欧米人と大学名だけで怖気づいてしまいます。一流と直に接して場を踏むことです。そうすると、滅多なことでは驚かず、言動に余裕が出ます。

日本人が普段付き合っている欧米のビジネスマンが一流と思ってはいけません。トップで来日する人は別として、駐在員として来日する欧米のビジネスマンは、偉そうな顔をしていても必ずしも優秀とはいえません。

私はニューヨーク駐在時代、一流大学を出て一流の会社に入った欧米のトップエリートは、普通に我々が付き合っているビジネスマンとは違うことを知りました。

欧米のトップエリートは当時、三〇代半ばという若さでバイスプレジデント、日本で言う課長クラスに就きます。当時、彼らは滅多に自宅に外国人を招き入れませんでした。会うのは、だいたいレストランです。

私はたまたま、あるアメリカ人のトップエリートと非常に親しくなって、自宅に招かれた際、彼の書斎に入る機会がありました。机の上にも周りの絨毯の上にも、足の踏み場がないぐらい仕事の書類が積み上がっています。読みかけの専門書が何冊も並んでいました。

私と同じぐらいの年齢です。私はそこで初めて痛感しました。

「なるほど、欧米のエリートはすべてではないにしろ、こういう生活をしているのか。これじゃあ日本に勝ち目はないな」

「欧米のビジネスマンは早くに帰宅して、家族との団らんを満喫して」などとイメージしているとすれば、大間違いです。それで大企業の経営が成り立つわけがありません。彼らが早く帰宅するのは、家族のためでも趣味のためでもなく、勉強するためです。経営幹部ともなれば博士号を持つ人もいて、もはや経営学の学者と言ってもいいほどです。

翻って日本の経営陣はどうでしょう。毎晩ほとんどパーティーかお付き合いの宴会で、週末ともなればゴルフです。夜は疲れて眠るしかありません。移動の新幹線では週刊誌かスポーツ新聞を読んでいます。今ならスマホでしょうか。

世界でいま何が起きているのか、これから何が起きるのか、情報を集めるだけで多忙を極めるはずです。ところが、ほとんどの経営陣は自分の会社の将来や日本経済について自分の頭で考える余裕がなく、読書も勉強もサボっています。これじゃあ、まともな経営ができるわけがありません。

私はトップエリートの生活に触れて目が覚めました。これでは負ける。自分で生活を相当律していかなければ、と気持ちをあらためました。

社長は寸暇を惜しんで勉強しなければなりません。私は読書をすすめます。私は毎日、就寝前の三〇分間は必ず読書に当ててきました。お酒を飲んで帰っても、出張から疲れて戻ってきても、その日課を欠かしたことはありません。三〇代のころから続けているので、もう半世紀近くになります。

読書は自分の思考能力を高め、論理的な思考や想像力を鍛えます。そして、新しい仕事をするときのビジョンや戦略的な思考、仕組み作りができるようになります。

それらを自分のものにしなければ、結局、部長や課長の判断を拾い上げることに終始してしまいます。社長の判断と部課長の判断は、そのポジションにおける責任や視野の広さからいって、自ずと異なります。部課長の判断ばかりを拾い上げていると、会社にとってスケールの小さな仕事しか見つかりません。結果的に大きな成果が望めないことになります。

欧米人も義理人情で動く

私たちが仕事をする際、義理と人情を重んじるのは、良かれ悪しかれ日本人の特性だと見なしていないでしょうか。対して欧米のビジネスマンはもっとドライで実務的に割り切って事を進めるように思いがちです。しかし、私の限られた体験ではありますが、決してそんなことはありません。

国内外を問わず、人間の心情、心向きはそう変わりません。欧米人も中国人、ロシア人、韓国人も、やっぱり日ごろの付き合いがものを言うし、縁やよしみを大事にします。いや、誠心誠意付き合えば日本人以上に義理堅く、日本人以上に信用できるとさえ感じます。

「いや、これはルールですから」

と杓子定規に応じるだけでは仕事になりません。

「あいつと話をすれば、何かの時にもどうにかしてくれる」

「あいつが言うなら仕方がない。ここは目をつむろう」

そういう気脈を通じた信頼関係を築けなければ、いざという時に本当に大きな仕事はできないのではないでしょうか。

社長になれば、とりわけそうした義理人情、その言葉が古臭ければ「心と心のギブ・アンド・テイク」が大事になります。これを交わすことのできない人間が社長なら、その会社の支柱は脆弱と言えるでしょう。本当に重要な情報は決して耳に入ってこないからです。

私がビジネスマンと付き合う時の作法は、ニューヨークで培われました。何があっても絶対に相手を裏切らない。そうすれば、相手もこちらを裏切らない。私はそうやって彼らと付き合ってきました。

私がニューヨークに駐在したのは、入社七年目の一九六八年から七七年まででした。アメリカで、まず熱中したのはアメリカンフットボールです。できたてホヤホヤのニューオーリンズ・セインツ、すでに名前の売れていたミネソタ・バイキングス、ニューヨーク・ジェッツ……。チーム名と有力選手の名前を覚えて毎週末、アメリカ人と賭けをしました。大勝ちしたら、

「おまえ、そんなに勝ったのなら来週のランチをおごれ」という話になります。

NFL（ナショナル・フットボール・リーグ）には今なら全米各地に三二チームあります。

「ところで、おまえが贔屓にしているチームのあの選手、今年はどうなんだ？」

アメフトが共通の話題になって一つのビジネスのツールとして機能します。親しくなると電話がかかってきます。

「今週は賭けないのか？　もしかして自信がないのか？」

賭けに勝っても、そのまま自分の懐に入れたら「あの日本人はケチだ」となります。

「よーし、今日はおれがご馳走する。中華料理屋に行くぞ。何人来るんだ？」

半分は奢りに使って、残りの半分は、その場で判明する即席宝くじ売り場へ直行です。

「全部使って宝くじを買え。少額が当たっても満足するな。大物が当たるまで買い続けろ」

あっという間にすっかりかんになります。

赴任した翌年の一九六九年から七〇年にかけて、アメフトはニューヨーク・ジェッツ、野球はニューヨーク・メッツ、バスケットボールはニューヨーク・ニックスの三チームが優勝して街は底が抜けたような祝勝ムードに沸き立ちました。

みんな興奮してニューヨーク支社が入っていたパークアベニューのビル屋上から、コンピュータのパンチカードを紙吹雪代わりに撒き散らしました。私もメッツの帽子をかぶって意気揚々、社に戻ったら、部長に「どこに行ってた。いい加減にしろ！」とどやされました。

支店内ではユニフォームまで作って、よくボウリング大会に参加しました。そうして心いっぱい遊ぶことが人間関係を築き、仲間意識を育むのにも大いに役に立ちました。それは上司と部下、あるいは社内外の人間関係の潤滑油ともなります。

長い付き合いじゃないか

当時、会社のニューヨークでの売り上げのうち約四分の一は私の担当しているアメリカ大豆でした。輸出の主力相手国は日本ですが、ヨーロッパ各国とも取引がありました。大豆を買い付けた後、船の手配をします。

海運には自社で船を予約して手配する方法もありますが、穀物メジャーと交渉して、農家から港までの運搬、船の手配、船積み作業といった輸出までの流通経路を確保する方法もあります。

いずれにしても、カーギルやコンチネンタル・グレイン、フランスのルイス・ドレイファスといった穀物メジャーとの付き合いは欠かせませんでした。政財界にも太いパイプを持つ彼らは当時、ＣＩＡよりも情報を持っていると言われていました。

私は毎日のように昼間から彼らとお酒を飲み交わしました。相手は酔っ払って帰宅する。一方で、こちらは会社に戻ってひと仕事を終え、それからまた飲みに出かけます。そういうふうに心安い付き合いを続けていると、時々ビジネスに係る重要ニュースを耳打ちしてくれます。

「どうもアメリカ（農産物）がソ連に行くらしいぞ」

当時のソ連（現ロシア）がアメリカ大豆を買うとなれば、その量は日本の比ではありません。これが公になればシカゴの大豆相場が跳ね上がります。こうした情報で先輩が大きな利益を生んだこともありました。

私が相場で大損しそうになった時に、多くの情報で助けてもらったこともあります。

シカゴとニューヨークには一時間の時差があります。シカゴの穀物取引所が終了するのは、ニューヨーク時間で午後二時一五分でした。

マーケットが開いた途端に価格が暴騰することがあります。こんな時は電話がつながるかどうか、そのわずかの差が運命を左右します。どうしても買わなくてはいけないのに電話がつながらず、一、二秒の差であっという間に最大幅まで上がって、当社に大損害が生じたことがありました。また翌日も上がるかもしれないので、すぐさまグレインメジャーの友人に連絡して頼み込みました。

「おまえの会社の電話がつながらなかったんだから、こちらは何もミスしていない。それなのに大損害だ」

「今さらそんなことを言っても、こっちだってシカゴ取引所は始まっていて、同じ値段では買えないよ」

「長い付き合いなのに、そんなことを言うのか」

「Beyond my control（おれの力じゃどうにもならないよ）」

「じゃあ上司に言ってくれ。こんなバカなことがあるかと丹羽が怒っている、と」

結局、課長の決断で損害を折半してくれることになりました。

けれども、こちらが逆の立場になったとき、今度は相手の頼みを受けてやらなければなりません。もちろん、会社としては損害です。本社からは「サボっているのか！」とお咎めを受けました。

「いや、そうは言っても、いろいろ付き合いがありまして」

そういう付き合いの中で信頼関係を築いていくと、将来、思わぬかたちで実を結ぶことがあります。

友情が結ばせた業務提携

アメリカから帰国して四年ほど経ったときのことです。私の肩書は部長代行でした。当時、穀物メジャーが保有する穀物エレベーター（穀物輸出施設）を日本の総合商社が次々と建設・買収していました。穀物の積み出し港であるニューオリンズやバトンルージュで穀物輸出のために集荷・積出をする施設です。その動きに我々は出遅れていました。しかし、長期アメリカ生活を経験した私は初めからこの事業に手を出すことに異を唱えていました。

それが会社全体の問題になり、他部門の専務からも怒気を帯びた電話がかかってきました。

「丹羽君、他社はエレベーターを自前で持っているのに、我が社は名前もないじゃないか」

「何が問題なんですか。やっている他社はみんな大して儲かっていませんよ」

「儲かっているかどうかじゃなく、我が社だけどうしてやらないのかと聞いているんだ」

「やっても絶対にうまくいかないからです」

「我が社の食料部門は、そんなに人材がいないのか」

「おりません。いや、日本のどの会社にもいないはずです」

穀物エレベーターの保有は、ただ単に保管倉庫の確保だけでなく、穀物の中間流通を担うことを意味します。それはアメリカの権益組織が取り仕切っており、農務省の役人とつるんで穀物に規定以上の雑物を混入させるなどの違法行為の噂が囁かれていました。利権が深く絡んでいて、外国の企業がそう簡単に入り込めるようなビジネスではないのです。

現にヨーロッパの企業でさえ過去、アメリカ市場に参入して、ことごとく失敗していました。穀物エレベーターを取得した日本企業もほどなくほとんどが撤退することになるのですが、そうした現地の裏事情を縷々《るる》説明しても、専務はなかなか納得しません。

「君はそう言うが、我が社が手をこまねいている間に、どんどん後れを取るじゃないか」

「わかりました。私なりの方法を考えているので、この件はお任せください」

このとき、助けとなってくれたのが、ニューヨーク時代に付き合いのあった最大手G社の友人でした。当時、彼は私と同じ課長クラスながらエリートで、G社にとっても私の会社はお得意先だったので、公私を通じて親しくしていました。

既に本社の要職に就いていた彼に電話で事情を説明し、提案してみました。

「G社の保有する穀物エレベーターを私の会社で使えるよう業務提携できないか」

つまり他の商社のように自らエレベーターを保有せず、必要な時に使用料を支払うかたちでの提携です。これなら経営自体はG社が行うため、さまざまなリスクを回避できます。

「ちょっと検討させてくれ。実は近く東南アジアに出張するので、帰りに日本に寄るよ。その時にくわしく話をしよう」

友人がお忍びで来日した際は一緒に熱海に行き、ビジネスの話をしてから芸者をあげて徹底的に遊びました。二人で温泉につかり、帰りの新幹線の車内で並んで契約内容を詰めました。そこからトップを連れてG本社のあるミネアポリスに行って、正式に契約を結びました。世界最大の穀物メジャーとの全面的な業務提携です。

G社が東海岸、西海岸、メキシコ湾に保有する多くの穀物エレベーターを長期使用できるほか、内陸部での穀物取引や非農業分野でも相互に協力するという内容です。こうしたビジネスモデルは業界初です。このニュースは翌日、一九八一年一〇月の日経新聞一面のトップ記事で大々的に報道されました。

そこからアメリカ国内に共同出資で穀物の別会社を作り、こちらの若手担当社員をG社に研修に送るなど、関係を発展させていきました。これもニューヨーク駐在の九年間、義理と人情で培ってきた人脈の賜物です。

約束は自らの進退をかけても必ず守る

大変親しい取引先の中小企業が巨額の資金を固定金利で銀行から借りていました。しかし、金利はすでに大きく下がってきて、もはや上がりそうにありません。このままでは下がった金利分、丸損になります。私は経営者の親父さんに進言しました。

「今のまま借り続けていたら、利益を金利差に吸い取られます。うちがおたくの現金利よりもかなりの低金利で融資するので、銀行との契約はいったん打ち切ってください」

「いや、そう簡単にはいかないでしょう」

「そこは私に任せてください」

約束をして会社に帰ると、案の定、会社からお叱りを受けました。

「あなたがしたことは本来、営業部長がやることでしょう」というわけです。権限を逸脱しているのは百も承知です。業務部長の役割は社長の右腕として組織全体を統括し、行き過ぎた営業などを取り締まる立場にあります。

「あなたがしたことは警察が泥棒をやっているようなものですよ」

「それはいくら何でも言い過ぎじゃないですか」

私はこの会社の事業を応援し、その親父さんから多くを学ばせてもらいましたし、商売の面でも大いにプラスになっているはずです。融資にはもちろんリスクが伴いますが、その会社とは今後長く付き合っていくことになります。信頼関係は相手のことを本気で思って初めて築くことができます。

それ以後、親父さんは事あるごとに語っていました。

「丹羽さんが生きている限りは、どんな会社が来ても絶対に御社との取引を減らすつもりはありません」

それは息子の代になっても受け継がれました。私が会社を去った後も、

「丹羽さんが生きている限りは、と死んだ親父から言われていますから」

と言ってくれます。

私は今でもその親父さんの墓参りに行きます。息子たちは、会社を辞めた後も父親を大事に思う私のことを、やはり大事にしてくれます。これはもう利害を超えた関係です。

もちろん、お客さんとの関係も度を越してしまうと、会社に迷惑をかけたり社内で不利益を蒙ったりします。

ただ、社長であろうと部長であろうと、それで自分の会社に損害を与えるかもしれない約束をしたとしても、約束は自分の進退をかけて必ず守らなければいけません。長い目で見れば、それは会社にとってプラスになると私は信じていますが、この社内ルール違反事案は間違いなく周囲の人々の助けのおかげと単に運がよかっただけで、「物事は謙虚によく考えろ」という、私にとっては一つ間違えば懲罰ものの大反省の一例でもあります。

不義理を覚えたほうがいい

しかし、さまざまな方面に義理を立て人情をかけるという日々を続けていると、実のところ、身体が持ちません。

私が社長に就いたとき、信頼していた社長経験者から助言をいただきました。

「社長業をするのなら、不義理を覚えたほうがいい」

思わず先輩に敬礼！　非常にいいことを言ってくれました。忘れません。

確かにお声がかかった冠婚葬祭、パーティーなどに万遍なく出席していたら、時間と身体がいくらあっても足りません。

しかし、たいていの人は「この人の葬式に行って、この人の葬式には行かない」ということができないのが普通です。つまり不義理がなかなかできないのです。私自身、今でもお世話になった先輩やお付き合いの深かった実業家のお墓には必ずお参りに伺います。

社長はある意味、激務です。仕事柄、冠婚葬祭に物理的に出席ができないことも往々にしてあります。それなのに無理をすれば、身体に障って、さらなる不義理を重ねる事態にもなりかねません。だからこそ、仕事関係の付き合いは不義理という〝手抜き〟を覚えておかないと身体が持たないぞ、という忠告です。

私は自分のことは棚に上げて、後輩たちには、

「君たち、不義理を覚えろ」と言っています。

社長は長くやればやるほど付き合いが増え、それだけ不義理する数が増えていきます。社長業を長く続けている人は、どこかで付き合いの手を抜いているということです。手を抜かなければ長くできないとも言えます。これまで私の身体がなんとか持っているのは、どこかで不義理を重ねているからでしょう。

人間の許容量は自ずと知れています。要するに、何かを本気でやろうとすれば、何かを犠牲にせざるを得ないのです。

私の場合は家庭を犠牲にしてしまいました。社長時代も部長時代も家庭を顧みるということがありませんでした。

仕事以外はすべてワイフに全権を委任していました。その代わり、私は一切、家庭のことには口を挟みません。自宅の修繕も建て替えもノータッチです。

子育てはまったく落第。父親としては零点です。娘たちを連れてどこかに遊びに行ったことは一、二度しかありません。授業参観、卒業式、入学式に参加するなんて考えたこともありません。大学も就職も結婚もすべて自分で決めろ、と言ってきました。

だから娘たちは「お父さん」なんてまず言いません。いつも「お母さん、お母さん」。孫たちももっぱら「おばあちゃん」です。お年玉もワイフの用意したものを私が渡しているので、孫たちは私をロボットだと思っているでしょう。

何かを犠牲にせざるを得ないならば、仕事を犠牲にするという選択もあります。それはそれぞれの人生です。私は仕事が人生のすべてのように生きてきたので、家庭は「お母さん」に丸頼みしかありません。ワイフは変な人と結婚して失敗したと思っているか、自由にのびのびやらせてもらったと喜んでいるか、聞いたことはありません。

健康管理は継続が大事

仕事で犠牲になりがちなのが健康です。

ニューヨーク時代は昼間から飲酒する放蕩生活を送り、不健康な太り方をしていました。ある日、みぞおちの辺りがチクチク痛いので、医者に行ったら中性脂肪が人の八倍ぐらいあり、なんと「余命一〇年」を宣告されました。まだ三〇代の初めです。とてもじゃないけど納得できません。

医師からは酒、肉類、炭水化物の摂取を減らすよう命じられました。そこから食事は野菜と豆腐系で、いつの間にかニューヨークでベジタリアンと友達になっていました。野菜中心の食生活に切り替えてから中性脂肪の数値が急落し、医者からは「理想的な患者」と褒められました。

「なんだ、あっという間に落ちるなら、また飲んで、また落とせばいいや」

また飲み始めて医者に行くと、したたま叱られました。

「続けなければダメじゃないですか。そんなふうに太ったり痩せたりしていたら寿命を縮めますよ。あなたは続けなければ、すぐに戻る体質なんですから」

それからは一気にやらず、少しずつ実践するようにしました。例えば月曜から金曜までベジタリアン。土日は何を食べてもいいことにする。それでけっこう健康です。

タバコも当時は一日二箱吸っていました。酒を飲みながら一日で五箱吸ったときがありました。そうしたら翌朝、のどがひっくり返って息ができないぐらい苦しい。本気で死ぬんじゃないかと思いました。この時、こんな苦しい目に遭うなら、もう二度と吸うまいと心に決めました。

もちろん、折々にまた猛烈に吸いたくなります。そのたびにあの苦しさを思い出して、我慢しました。なぜ吸うのかと言えば、気持ちがいいからです。苦しければ吸いません。だから禁煙希望者には、こう助言することにしています。

「そんなに好きなら吸えばいい。ただし一晩で五箱吸いなさい」

健康管理について、私はそういう独特な考えを持っています。

アメリカから帰国すると気が緩み、当時の社長と二人でよく飲んでいました。ある日、経営会議に出た時のことです。社長の声がガラガラです。社長に代わって司会する立場になった私もガラガラ声。会議終了後、社長と相談しました。

「これはまずいな。トップと経営会議を仕切る人間がこれじゃ示しがつかないぞ」

「だったら私が酒をやめましょう」

それからお酒を二年間やめると体調が戻りました。しかし、社長になるとそういうわけにもいかず、ぼちぼちやっていました。言うは易し行うは難しですが、健康管理はいっぺんにやろうとせず、できる範囲のことを継続することが肝要です。

だから私は散歩を毎朝続けていました。これも読書と同じ、雨が降ろうが雪が降ろうが、毎日絶対に歩くようにしました。そういう生活をしているからこそ社長業が務まったと思います。

他人に過度の期待はしない

社長業を続ける際、精神衛生上、大事なことはいくつかありますが、部下に必要以上の期待をかけないことを心がけていました。逆説的に聞こえるかもしれませんが、期待をすると、その期待に添ってもらえない場合、不満やイライラが募ります。

これは秘書についても同様です。社長に秘書が二、三人、役員、部長になると、一人ずつ付きます。

「こちらは忙しいとわかっているはずだ。やってくれて当然じゃないか」

その考えが間違っています。それはあなたが自分でやるべきことです。

もちろん、「この資料を作っておいてくれよ」「これは必ず報告してくれ」という依頼や指示に対してはやってもらいます。部下や秘書はそのために存在するわけですから当然です。

しかし、黙っていながら「やってくれて当たり前」だと思っているならそうじゃない。「一を聞いて十を知る」ことを期待するのはお門違いです。本当は自分でやるべきことであり、人に頼ることではないことを、ちゃんと心しておくことです。

というのも、他人に期待する社長に限ってミスが生じた場合、「しまった。どうしてやっていないんだ」と責任転嫁してしまいがちだからです。

「いやいや、社長にこんなことをさせてはいけません」といった言葉を真に受けて期待すると、次回やっていないときに、

「何だ、まだこんなこともやってないのか」と不満に思います。

いや、実は私も昔はそうでした。秘書に対して、「何だ、まだやってないのか」「こんなこともわかってないのか」と叱りつけていました。

しかし当然ながら、秘書も部下も自分本人のようにはいきません。それを期待するほうが間違っています。「これは個人的なことだから、仕事上の部下や秘書に頼んじゃいけないな」と自戒します。

これは秘書を持つときの鉄則であり、家庭についても応用できます。ワイフに怒りたいときはあるけれど、最近は逆に「向こうだって忙しいんだ。やって当然だと、こちら側が

勝手に思っているだけだ」と思うようになりました。

最近はあれこれ指示することもほとんどなく、文句も言いません。そうすると、秘書にもワイフにも不満はなくなります。いや不満に思っても、

「いやいや、これはやっぱり自分がやるべきだ」

と思っています。この年齢だから言えるのかもしれませんが、不満があっても自分に向ける。日々を気持ちよく過ごすための心得です。

ゴマ不感症に気をつけろ

社長のように権力を持っている人間には、必ずゴマすりが寄ってきます。擦り寄られるほうは悪い気がしません。私も社長をやっていたのでよくわかります。人間は長い間、権力ある地位にいれば、間違いなく傲慢になります。どれほど気をつけても、日々謙虚さを失っていきます。

社長の目の前で直接ゴマをするのを「直《じき》ゴマ」、社長に伝わることを狙って別人にゴマをするのを「間《かん》ゴマ」と言います。当時から私はそういう目で部下の言動を見ていました。

会長や社長の顔色ばかりを見て話していることに、本人たちはまったく気がついていま

せん。だから私は絶えず口に出して伝えていました。

「お世辞ばかり言うんじゃないよ。ゴマの匂いがプンプンしてるぞ」

毎日、甘い汁ばかり吸っていると、おいしいとは思っても、これ以上甘くなっては困るので「もう砂糖は入れるな」と部下に言います。しかし、ゴマをする部下は、どれほど言っても少し甘くしてきます。黒ゴマ、白ゴマ、金ゴマ、ありとあらゆる種類のゴマをすっては、少しずつ砂糖を追加してくるわけです。

すると、「茹でガエル」の寓話と同じで、甘さに鈍感になってきます。さらに砂糖を入れないと甘さを感じなくなります。こうした日々が続いていくと、気がつけば〝糖尿病〟。もう取り返しがつかない病気になっています。

長く社長をやると、ゴマの匂いに慣れて、ゴマをすられていることがわからなくなります。「ゴマ不感症」です。すると、どんどん熱いゴマ、匂いの強いゴマを求めるようになります。

ゴマ不感症者が向かうのは、例えば同じグループの子会社、事業会社です。当時は本社の部長の多くは子会社へ行って社長や専務になりました。

「社長（私ではない）、お茶をどうぞ。今日はお昼、何にしましょうか」

ゴマの匂いがプンプンしていますが、言われた当人（私ではない）はご満悦です。たまにゴマをすらない人間がいると、「こいつ、何だ」となります。当人どころか会社内の人間も慣れっこになっています。ところが他人が入っていくと、ゴマの匂いが充満しているのがわかります。

例えば社長の部屋に、その部下と客の私が入っていきます。その部下が言います。

「やっぱり社長（私ではない）、大したものですねぇ」

客人の前で自社の社長を褒めるのは非常識じゃありませんか。私は「この野郎、直ゴマだな」とわかりますが、言われた社長は悦に入っています。ゴマ不感症です。

私は社長が集まる講演会で警告します。

「あなた方も不感症になっていませんか。もうゴマの匂いを感じないでしょう」

「いや、私はお世辞を言ってくる部下はわかりますよ」

「自分は大丈夫」ということは、もう不感症になったという証拠です。

どれぐらいで不感症になるのか。人によりますが、少なくとも一〇年以上、社長を続ければ完全に不感症でしょう。ゴマの匂いが会社中に満ちていると考えなきゃいけません。

いつまでも社長の席に居座らない

前述したように、私は社長就任時、任期を六年にすると社内外に公言しました。つまり六年後にすっぱり社長の座を退くということです。

なぜ六年かと言えば、経営再建にはそれくらいの期間が必要であること、そしてそれに伴う私の情熱が続くのもやはりそれぐらいだろうと判断したからです。

私の経験から言って、六年以上かけなければできないようなプロジェクトはほとんどありません。六年間トップを務めた社長が、「まだやり残したことがある」と任期延長の理由を語る場面をときどき目にします。

バカを言っちゃいけません。「やり残したことがある」ということは、「六年かかってもできなかった」ということです。そんな役立たずの社長に会社の将来を預けられますか。

私が自分の任期を公言したのは、自分に対する戒めでもありました。六年も社長を続ければ、知恵も経験も自信も付いてきます。見え透いた甘言には嫌悪感を覚えても、一度甘い味を経験したら「今、辞めてもらっては困ります」というお世辞を本気にして、権力の座にしがみついてしまうかもしれません。

ならば先に引き際を決めて宣言してしまおうと考えたわけです。内外に宣言した以上は、いやでも守らなければならなくなります。

長く続けることが力のある証拠だと思っておられる社長も数多く目にしますが、百害あって一利なしでしょう。むしろトップにいる期間は、一定期間を超えれば短ければ短いほどいい、というのが私の持論です。

社長、あなたがいなくても、世の中はちゃんと回っていくものです。過去、大企業の社長が替わったために会社が潰れたという事例を私は寡聞にして知りません。

長く続けるほど経営は停滞し、前に進みません。さらにトップの権力が強くなり過ぎて、後続世代が前任者の後を追うばかりになり、やがて行き詰まります。権力は年月とともに必ず腐敗します。トップは経営の道筋をできるだけ早くつけて次世代に渡すことです。

ところが、日本の企業では社長の高齢化が止まらないのが現状です。

東京商工リサーチによると、二〇一八年の全国社長の平均年齢は六一・七三歳に達し、前年より〇・二八歳上昇しました。団塊世代の社長交代が進まず、高齢化が顕著です。年齢分布を見ると、六〇代の構成比が三〇・三五％で最も高く、七〇代以上は二八・一三％と調査を始めて以来、最高を記録しています。

帝国データバンクの調査でも同様の傾向を示しており、一九九〇年の調査開始以来、社長の平均年齢は上昇し続け、五九・七歳で過去最高を更新しました（二〇一九年一月）。

問題は社長の年齢と会社の業績との関係です。年齢別の業績分布をみると、社長の年齢上昇に伴って減収企業と赤字企業が増える傾向があります。つまり明らかに年寄り社長が業績悪化の原因になっているわけです。

年寄り社長はおしなべて自分の体験でしかものを考えることができず、自分の理解を超えた新しい事業に踏み出す勇気も情熱もありません。「そんな訳のわからないことはやめておけ」と保守的にならざるをえないのです。

年功序列で上り詰めた高齢者が経営を差配しているような組織は早晩、時代に取り残されます。年寄りの私が体験的に言っているのだから間違いないでしょう。

私は以前から「老人パージ」あるいは「老人退場論」を唱えています。つまりは現在、権力の座に居座っているお年寄りに退場いただき、後進に席を譲れという提案です。

こんなことを言うと、当の年寄り連中から猛然たる批判を受けますが、批判されても言い続けるのが年寄りの仕事です。

これから、どんどん若者の割合が減っていきます。定年を迎えても老人が権力を手放さずに働けば、さらに若い世代の出番がありません。それで日本が活力ある未来を築けるわけがありません。

社長を支える会長の役割

社長を退任した後は、名誉職として会長や相談役、顧問というポストに就いて会社に関わることも多いと思います。私の場合は社長退任後、会長を六年間やりました。

会長の役割は会社によって異なりますが、一線を退いた場合は立ち位置には配慮を要します。大部分の会社では、経営は社長が全権を持ってあたっていますが、重要な案件については選択を誤らないように、先輩として助言したり相談を受けたりします。

とはいえ、会長と社長が上司と部下のような従属的関係になるなら、社長はいないのも同然です。会長は歳上で経験も豊富なため、一言言えば周りが反対できなくなり、社長の存在感がそれだけ薄まります。そのため私の場合、会長は三年目から代表権のないヒラの取締役としました。

会長も副社長同様、社長に対してできるのは意見具申までです。はっきり言えば、文句ばかり言っていれば済むわけです。

「会長の『かい』は快適の快。副社長の『ふく』は幸福の福」

とはよく言ったものです。やはり社員全員とその家族の人生の責任を負う社長の重責とは比ぶべくもありません。

取締役を外れた相談役や顧問は日本の企業独特のポストであり、その是非が議論になってもいます。役割としては、経験を生かした現経営陣への指導・アドバイスや、人脈を生かした財界活動などが挙げられていますが、取締役や監査役と違って会社法や株主総会に縛られないため、権限も責任もあいまいです。

日本型の長期雇用システムの一環として定着したこの慣行が議論の俎上に載ったきっかけの一つが東芝の不正会計事件でした。相談役、顧問が役員人事や経営判断に介入するという〝院政〟の実態が明らかになったのです。東芝には相談役と顧問が合わせて二十人近くいたそうです。

企業は相談役や顧問を自由に置くことができるため、これまで実態がよくわかりませんでした。経済産業省が二〇一七年に公表した調査結果によると、上場企業の七八％に相談役・顧問の制度があり、六二％が実際に導入していました。大半の企業が何らかの報酬を支払い、専用車、個室、秘書などを提供しています。

一九九〇年代後半、バブル崩壊で金融機関の破綻が相次いだ頃の話です。九〇歳近い金融機関のある顧問は「会社へおしめを替えに来る」と揶揄されていました。会社に来れば、立派な部屋に秘書が付き、一から十まで世話してくれるという意味です。

ある老OBは社有車で「出勤」し、自室で「鉄道唱歌」を「汽笛一声新橋を」から最後の三三四番まで歌って帰るとまことしやかに囁かれていました。いずれも笑えない冗談です。

顧問や相談役を廃止する動きもありますが、肩書は廃止しても、依然として個室を持ったり秘書を置いたりする元社長もいます。

アメリカに追随しても日本人には役立たない

相談役や顧問以外に社長経験者が就くポストに「社外取締役」があります。現在、東証上場会社はほとんどが社外取締役を選任しており、その数も年々増えています。

金融庁と東京証券取引所が二〇一五年、企業統治の向上を図ろうと、アメリカにならったコーポレートガバナンス・コード（企業統治指針）を定めました。経営陣へのチェック機能を働かせるため新たに作ったコードでは、上場企業は独立性の高い社外取締役を二人以上選任することを事実上、義務づけています。

私は社長時代から「一般的に社外取締役なんて役に立たない」と訴えて、実際に社外取締役は一人も置きませんでした。それどころか、約五〇人いた取締役を最終的には一一人に減らしました。

立派な肩書の人間が大勢並んでいるからといって、実のある会議になるわけではありません。むしろ他力本願の無責任な議論に陥りやすくなります。五〇人もいれば、ボロを出さないよう多くはだんまりを決め込みます。

「アメリカのガバナンス・コードはすぐれている」などと経産省は喧伝していますが、

はたして社外取締役を数多く置いた企業のほうが、置かない企業よりも業績がまさっているというデータがあるんでしょうか。あるいは、社外取締役を置いた途端、業績が上がったという事例はありますか。

日本の企業を社外取締役が多い順に並べ、社外取締役が多いほうが業績を上げているというデータがあれば、初めてその存在意義が実質的にも統計的に裏付けられることになります。ところが、過去のデータを政府や経済学者が調べた調査結果を見たことがありません。

調べていないとすれば、なぜ調べないのか。自分たちが期待する数字が出ないからではないでしょうか。

社外取締役の導入は、自分たちだけで統治する自信がないということです。私はこれを「他律他省」と呼んでいます。つまり自分のことを他人が律して他人に反省を求められる。

けれども、日本人には「自律自省」の精神があり、自分を戒め、恥を知ることが美徳とされてきました。欧米との決定的な違いはここにあると思います。

日本に求められるのは、単に「アメリカに右に倣え」とばかり追随するのではなく、自らの文化と風土のもとで創意工夫し、実効性のあるガバナンスを作っていくことです。

多い企業だと取締役のうち六〜八割が社外取締役です。なぜそれほど社外取締役が取り入れられるのか。大企業のトップに理由を聞くと、同じような答えが返ってきます。

「同じ文化で育った社内の役員だけだと新しい事業のアイデアが生まれません」

「社内役員より社外取締役が多いほうが公平に経営を見ていると世間が見なしますから」

社外取締役の多くが退職後の高齢者です。その分、社外取締役が社内取締役以上に時代に即応した経営センスや経営戦略を持ち合わせているとは思えません。

そもそも社外の人間が事業の実情をいくら勉強しても限界があります。一人で三〜五社の社外取締役を兼務している人も数多くいます。その当事者にも尋ねたことがありますが、事業内容などすべては「とてもわかりません」とのことでした。

「じゃあ、なんで辞めないんですか?」

「いや、もう辞めたいと言っても、辞めさせてくれないんです」

要するに、その会社の社長にとって、有名人を社外取締役に迎えれば箔が付きます。ほしいのは、その人の知恵や発想ではなく、名前と肩書というわけです。アメリカの友人がいみじくも言っていたように、〝ウィンドー・ドレッシング〟そのものです。

社外取締役にとってもおいしい仕事でしょう。役に立っても立たなくても平均年一〇〇〇万円以上の報酬が懐に入るわけです。

しかも社外取締役を選ぶのは、実質的に社長であるケースがほとんどです。「監視される側」が「監視する人」を選び、しかも多額の報酬を与えています。そんな社外取締役が経営陣に対して物申し、チェック機能を果たすことができるんでしょうか。なれ合いの関係に陥るのは目に見えています。

二〇一九年一〇月二日付の日本経済新聞によれば、東証一部上場企業の取締役に占める社外取締役の比率は、はじめて三割を超えたそうです。しかし、日産やかんぽ生命保険など、昨今の大企業によるさまざまな不祥事では社外取締役のチェック機能がまったく働いておらず、未然に防ぐことができていません。もちろん、社外取締役制度のすべてが悪いとは言いません。しかし社外取締役の割合と業績、取締役会への出席率、発言内容などの検証は必須です。

辞めてもついて回る肩書

社長や会長を退いた後にどうするか。もちろん、社外取締役や相談役、顧問などで採用される人はされればいいでしょう。起業する人はすればいいと思います。働きたくなければ、趣味に生きるのもいいでしょう。

しかし、せっかくさまざまな知識と経験、人脈を得た人間が、世の中との関係を絶って社会に還元する機会を失うのはいかにも惜しいと思いませんか。

組織のトップにいた人間は、地域や社会への貢献とともに貧しい人や弱い人に寄り添って生きることが務めだと私は思っています。真のトップとは、そうした価値観と哲学を普通の人以上に持っている人のことを言うのです。

アメリカの大企業の社長や役員たち富裕層の多くは、退職後、社会や地域に貢献する活動を積極的に展開しています。そこにはキリスト教という宗教的な背景があるにせよ、彼らはＮＰＯや地域の仕事をボランティアとして生きがいにしています。

日本の企業人も退職後は、コミュニティ活動を地域ごとでそれぞれやってみてはどうでしょう。ＮＰＯで働いてもいいし、外国語ができるなら通訳ボランティアもいいと思います。それまで経営者として培ってきた指導力やコミュニケーション能力を地域の学校で生かしてもいいでしょう。

その際、邪魔になるのが、「元社長」や「元会長」といった肩書に伴う虚栄心です。これまでみんなに崇め奉られてきた人間が雑務や単純労働にいそしむのは格好悪い、というわけです。確かに私にしても、

「あの人、どこか大きな会社の社長をやっていたのに、切符売りなんかしているよ」

と囁かれるのは、抵抗があると思います。しかし、それも詰まるところは慣れではない

でしょうか。

企業の社長が一線を退き、雑役や汚れ仕事などこれまでしたことのない作業に励むことで、「けっこう大変だな」「意外と面白いもんだ」「彼らはこんな気持ちで仕事をしていたのか」と多くの発見をする人もいます。

現役時代は立派な肩書で業績を残してきた大人が社会のために尽くしている姿は、その地域の人々や子どもたちの価値観に少なからぬ影響も与えるのではないでしょうか。

「元社長」や「元会長」といった肩書にいつまでもとらわれていると世界が狭くなります。私にとっても簡単なことではありませんが、過去の経歴とはおさらばして、「ただのおじさん」「ただのおじいさん」として第二の人生を歩んでみようかと思っています。

けれども、真反対のことも言い添えておきます。

「社長も辞めれば、ただのおじさんになる」と書きました。実生活の上では確かにそうですが、一方で局面によっては「ただのおじさん」では済まないことも事実です。当然のことですが、「ただのおじさん」ならどんなことをしてもいいわけではありません。

社長はその職を退いた後も、その会社の名前を背負っていかなければいけません。不祥事を起こせば、それがプライベートなことであっても、その会社の「元社長」「元会長」といった肩書がついてまわり、会社や社員に迷惑がかかります。私の場合は「元中国大使」という肩書もセットです。

それはトップにあった者の避けることのできない宿命です。社長時代も、社長を退いた後も、個人の状況次第ですが、自分がやるべきこととやってはいけないことをしっかり自覚する必要があります。それは会社にとっても個人にとっても重要な危機管理です。

第五章　信頼と統治——人のつながりが不祥事を防ぐ

揺らいでいる日本企業への信頼

近年、大企業の不祥事が続いています。東芝の不正会計、KYB、東洋ゴム工業、旭化成建材、神戸製鋼所、三菱自動車、スバルのデータ改ざん、そして日産自動車の金融商品取引法違反と特別背任……挙げればきりがなく、みなさんも食傷気味でしょう。

不祥事のニュースに触れるたびに苦々しい思いを抱きます。というのも、いずれも日本を代表する有名企業だけに、ただ一企業だけの問題に留まらないからです。「日本を代表する」ということになれば、海外はもちろん国内からも、「その企業だけではなく、他の日本企業もやっているだろう」と思われても仕方ありません。

まっとうにやってきた会社にとっては大きな迷惑です。日本経済は技術の高さや製品の質の良さ、労働者の向上心に対する信頼で成り立っています。これが崩れるということは、日本経済を支えている土台が揺らぐということです。

例えば欠品が出たとします。これならお金で解決できます。しかし、嘘をつけば信頼を失ってしまいます。一朝一夕では得られない信頼も、失う時はほんの一瞬です。

それは企業活動をする上で一番大切な財産を手放すことを意味します。もちろん、お金では買えません。そして、いったん失われた信頼を回復するのは、長い時間と努力を要します。

これは、一人の社員が不祥事を起こすと、その会社の社員全員が同じような目で見られ、結果的にその会社全体の信頼が揺らぐのと同じ構図です。とくに最近はＳＮＳによる炎上によって想定外の問題を招きかねません。

不祥事を起こした企業の社長は、そのことをどれだけわかっているのでしょうか。トップ企業の不祥事は、その重みを心に刻み、その対応は社長の身の処し方を含めて日本全体を念頭に置いたものにしてもらいたいと思います。

不祥事を起こした時、社長の姿勢が問われます。むしろ、危機管理は社長の姿勢そのものと言ってもいいでしょう。

釈明と謝罪の会見で、社長が「報告を受けていなかった」「私たちも知らなかった」などと発言することがあります。部下や現場の技術者が勝手にやった、という主張です。けれども、何年も何十年も続けていた不正をトップは本当に知らなかったのか。知らなかったとすれば、その体制こそが根底から問われてしかるべきです。

そして何よりも、部下の責任は明確にトップの責任です。その仕事を任せた任命責任もあれば、組織統治の責任もあります（政治の世界では何回「任命責任」を問われても、責任は実質ゼロで、国民も容認しているようです）。

企業活動において、あらゆる不祥事や事故、トラブルの発生を防ぐことは不可能です。発生を可能な限り未然に防ぐために危機管理の体制をしっかり築いておくこと、そして実際に重要な問題が起きたときは想定以上に迅速、率直に公表し、事案によっては一般の予想以上に大きく責任をとって潔く身を引くなど、その問題に対する姿勢を明確にすることです。人間は〝人の不幸を見て喜ぶ〟動物ということを忘れてはいけません。

利益至上主義と社内カンパニー制の落とし穴

なぜこうした不祥事は後を絶たないのでしょうか。

一つは、利益を上げることに血道を上げ、株価や市場を意識するあまり目に見える成果を追い求める風潮が蔓延《はびこ》っていることにあります。会社の中に過度の成果主義が蔓延し、簡単に数値化できる利益など目に見えるものが幅を利かすようになっています。

もちろん、企業である以上、結果を出さなければなりません。けれども利益はあくまで事業活動の結果です。利益を会社の目的に設定すると、やがて利益至上主義、それも短期の利益至上主義に陥ります。

すると、目の前にある数字だけに心を奪われ、やがてデータ改ざんや不正会計に手を染めて、小さな嘘を隠すためにさらに嘘を重ねるようになります。

業績で言えば、いい時もあれば、悪い時もあるのが会社の常態です。ずっと変わらずに好調が続くということなどありえません。もしそうなら、それはどこかに粉飾や他の問題が潜んでいる可能性があると見たほうがいいくらいです。

つまり何期も連続して収益が伸び、売り上げ増が続く会社は要注意ということです。「いつも優等生」は危険です。優等生はいつの間にか優等生であること自体が目的になります。自分が優等生であることを示すために粉飾を重ね、データに手を加えるという「優等生の罠」にはまってしまうのです。

もう一つ、不祥事の温床となる組織的な要因として挙げられるのは、「社内カンパニー制」です。バブル崩壊後に導入されるようになった社内カンパニー制は、個々の事業部を企業内で一つの会社のように位置付ける制度です。

企業が大きくなり、社会が複雑になるほど増える縦割り組織の弊害をなくそうとして導入された組織のあり方です。日本企業の伝統である「護送船団方式」の組織運営がグローバル経済の中で成り立たなくなったために、積極的に導入されてきました。多くの大組織で「ディヴィジョン・カンパニー制」という名前で導入されました。

メリットとして、独立採算制で運営されるため、各カンパニーはキャッシュフローに対する強い責任意識を持つようになります。また事業ごとに組織が小さくなるため、意思決定が速くなり、市場環境の変化にすばやく対応できます。

しかしその一方で、同じ企業に所属しながら、カンパニーごとに所属意識が生まれるため、それが縄張り意識となってカンパニー間を横断する情報共有が生まれにくくなります。各カンパニーの幹部は企業の経営陣から明確な成果を求められるため、カンパニーにとって都合の悪い情報を隠し、不正経理などが社内で起こりやすくなります。

二〇一五年に発覚した東芝の不正会計問題は、まさにこの社内カンパニー制のデメリットが形になって現れた事件でした。

複数の事業部をまたいで数千億円規模の不正会計が行われていたにもかかわらず、企業全体の良心といえる監査部がまったく機能せず、不正が長らく見過ごされたのです。要するにコーポレート・ガバナンス、企業統治がまったく機能していなかったわけです。

しかし、同様の制度を持つ企業なら、これはどこでも起こりうる事態であることを忘れてはいけません。東芝に限らず、神戸製鋼や日産の不正検査、三菱自動車の燃費不正にも共通する問題です。

過度な成果主義の弊害

次々に発覚している検査データの改ざんや無資格検査員による検査は、いずれも長年の慣行のようなかたちで不正が続いていました。現場レベルでは何度か改善するチャンスがあったはずです。

現場で「これはまずいんじゃないですか」と声を挙げる社員はいたでしょう。しかし、上司は「昔からやっていることだ」「仕事を回すことが第一だ」とその声を封殺しようとします。やがて「先輩たちがやってきたのだから大丈夫だろう」「黙っていればわからない」と不正が続くことになります。

要は上司の保身や事なかれ主義、あるいは過度の成果主義が改善のチャンスを摘み取るわけです。

不祥事の謝罪会見で幹部らが頭を下げているシーンを目にして、「だから言っただろう」と忌々しく思っている若手社員もいるはずです。部下の指摘に上司が適切に対応していれば、社長が謝罪会見をするような事態には至らなかったでしょう。

逆の現象として、若手社員が会社全体にとってはごくごく些細な不正を重大な不正と思いこみ、口をつぐんでしまうこともあります。「これがバレたら自分はクビになるんじゃないか」と悩んでしまうのです。

上司の課長に正直に報告すれば、課長は「そんなことでクビになんてなるわけがないだろう。クビになるほど重大な仕事をおまえに任せるか」と一笑に付して終わりです。

その課長は課長なりの悩みをきちんと上司の部長に相談すると、「そんなミスはたかが知れている。すぐ対処しろ」で済みます。部長の相談を受けた役員は「わかった。大したことはない。うまくやってくれ」で一件落着です。

このような社内の〝自浄装置〟が正常に機能するには、ある条件が必要です。それは上司が自分の保身や出世を第一に考えず、上司と部下の間に一定の信頼関係と円滑なコミュニケーションが成立していることです。

そのためには上司と部下が絶えず顔を合わせて話ができる環境をつくる必要があります。部下がどういう状況にあり何を考えているかまったく無関心で、上役の顔色を窺ってばかりいる上司、あるいはパソコンと終始にらめっこして部下と向き合おうとしない上司は失格ということです。

「信頼関係とコミュニケーション」なんて拍子抜けするほど古風で迂遠な手段のように思えるかもしれませんが、結果的にはこれが不正やトラブルの発生を事前に防ぐ最も有効な方法です。それは社員全員で仕事に当たる「全員野球」を旨とする日本の企業に最も合った方法でもあります。

現場の異変をいち早く察知するために

しかし、それを実現するには地道な努力と熱意が必要です。

私が部長になった時に最初に実行したのは、週に一度、朝の八時に必ず部下全員が集まるようにして、その場でそれぞれ一言ずつ話をさせることでした。「おはようございます」でも「今日は特に何もありません」でもいいので、まず言葉を発してもらうのです。

それも続けているうちにマンネリ化します。「一人三〇分、何でも自分の好きなことを順番に話してみる」という試みもしました。

あるいは毎朝、ミーティングと称して課長を全員集め、互いの顔を見ながら仕事の話から世間話、家庭の話題まで何でも話しました。

「風邪をひいて、今日は体調が今ひとつです」

「実は最近、女房とうまくいっていないんですよ」

そんなことも含めて、

「隣の課でちょっと揉めごとが起こっているらしい」

「〇〇銀行が為替で大損したのを隠していたらしいが、君たちは大丈夫だろうな」

些細なこともやりとりして、絶えずお互いが情報を自然に共有するようにします。そうすることで現場レベルでの異変やトラブルを察知して、いち早く対処できるようにしました。

どの段階でも部下との直接対話を重視しました。若い社員も含めて、とにかく対話を重ねていこうという考えです。

それは不祥事抑止というよりも、社員たちを引っ張っていくには、思いをみんなで共有しなければならないからです。そのためには自分の夢やビジョンを語り、部下がどんな思いを抱いているのかを知っておく必要があります。

お互いに想いや感動を共有するからこそ仕事の目標や責任が明確になり、やりがいにもつながっていきます。それが結果的に不祥事を防ぐことにもなるのです。

部下との対話を重視するのには、もう一つ目的があります。人間は自分では物事を理解しているつもりでも、実際は限られた知識や経験に基づく理解で判断していることのほうが圧倒的に多いはずです。

他人と対話を続けていけば、こうした思い込みをその都度正したり補ったりすることができます。異なった視点から学ぶこともまた多いのです。

常に顔を見て言葉を交わす

組織の風通しを良くするために、各部署のトップ全員が一週間に少なくとも一度は集まって情報交換する場も必要です。

すでに書いたように、「全社員集会」なるものを実施しました。休日を利用して会社の経営方針の共有やコミュニケーションを図る目的で対話集会を開くわけです。社の現状や経営計画、今後の方針を説明してから社員からの意見や質問を聞きます。人事考課や業務内容、経営方針についての疑問など経営陣は一つひとつに答えます。

言いたいことがあるなら直接上司に言えばいい。それで評価が下げられたら私のところに言ってくればいい。社長を吊るし上げるくらいの覚悟で来てほしい。社内にそうした自由闊達な空気をつくりたいと考えていました。

いくら手を替え、品を替え、組織や制度をいじっても、結局、組織を動かしているのは人間です。いくらコーポレートガバナンス・コードを導入しようが、監査委員会といった立派な組織をつくろうが、そこに属する人間が嘘をつけば元も子もありません。

組織や制度をつくるのは簡単です。しかし、人間を育てるのは一筋縄ではいきません。民主主義とかガバナンスというのは時間のかかる厄介なものです。毎日のように顔を合わせて打ち合わせをする。週に一回は必ずトップが顔を合わせる。問題はないかと確認し合う。それを重ねているうちに、嘘をついていたり悩んでいたりすれば、顔を見てわかるようになるものです。

事業部ごとに開いている部会に社長が飛び入り参加することも予想外の効果がありま

す。毎週どこかの部署で会議をやっているので、誰にも連絡せずにひょいと覗きに行くわけです。現場を見て回りながら、社員一人一人と言葉を交わします。そうすると、「部の雰囲気がいつもと違う。何かトラブルを抱えているのではないか」「部長の様子がおかしい。隠し事をしているのではないか」と肌で感じることができます。いずれも社長室にこもっているだけでは見えてこないことです。

もちろん、そのぶん、社長も社員から見られています。文書や映像だとうまく隠せても、顔をさらせば隠せないことがあります。

「社長は痩せたなあ」

「顔色が悪いね」

社員もそれなりに会社全体のことに心くばりするようになります。

「社長がいつになく緊張している。この部に何か大きな問題があるのかも」

意外と社員に見抜かれています。

逆に言うと、社長から社員に大事なことを伝えたいときは、文書や映像ではなく、実際に顔を見せて自分の言葉と肉声で伝えたほうが、はるかに心に響くということです。トップがみんなの前に顔を出すことは、思っている以上の効果があるのです。

もちろん、成功する絶対の法則はありません。組織運営、人材育成、経営や事業など社会科学に属する事象は自然科学と異なって、ベストの選択はありません。いつでも「これをやれば今よりは良くなるだろう」というベターの選択です。

ベターの選択をし続けているうちにモア・ザン・ベターの選択が見つかる。そうして少しずつ体質強化を図っていくことです。

内部告発者を守る

企業の不祥事や経費の使い込みといった不正は、社員による監査部門への内部通報、あるいは捜査機関やメディアへの内部告発によって明らかになるケースが少しずつ増えてきています。

アメリカやイギリスでは早くから内部告発者を保護する法律が制定されていましたが、日本で内部告発をした労働者を守るために公益通報者保護法が施行されたのは二〇〇六年でした。正当な内部告発者が守られるのは当然です。会社によっては二〇〇二年ごろから第三者である弁護士に頼んで、その窓口を担当してもらっていました。

内部告発は会社への不平不満や愚痴とは異なります。会社を良くしたいという試みの一つです。「これはおかしいのではないか」と不審に思うことがあれば、それを上部に伝えるルートを作り、社員の意欲を改善につなげるのです。

もしも内部告発者が特定されれば、その社員は村八分の状態に置かれるでしょう。そうすると、当人が追い詰められるだけではなく、周りも萎縮して、それからは誰も本当のことを言わなくなってしまいます。だから告発者を組織的に守ることは至上命題です。告発者捜しが始まらないように監査という形をとって、特定の部署にターゲットを絞らずに周辺部署一帯に広く投網を打って調査するといった配慮が必要です。

もう一つ、社員との風通しを良くするために活用されるのが、デジタルツールです。全社員に向けて会社の方向性を発信するだけでなく、社員からの個人用メール（匿名）も直接受け付ける。とくに自分の上司の悪口や所属部署の問題点となると、なかなか実名は明かせません。逆恨みを恐れて口をつぐむこともあるでしょう。

こうした社員とのメールのやりとりは、内部通報というだけではなく、現場からの提案を素早く経営に反映できるというメリットがあります。メールで多かった質問については、全社員に向けて、あらためてこちらから説明メールを配信します。結果、数え切れないほどのやりとりを重ねることになります。

正義が必ず勝つとは限らない

もちろん不正を告発しても、正義が必ず勝つとは限りません。私が若かった時代に経験した苦々しい出来事を紹介しましょう。

ニューヨーク駐在から本社に戻り、課長になったばかりの頃でした。国の委託を受けて、ある商品を鉄道の指定地域に下ろすべきところ、別の地域まで運ばれて高値で転売されていたことがわかりました。行政の証明書のたぐいは、すべて指定地域で商品を下ろしたことになっていました。

これでは法律違反になります。指定地域まで商品を戻すよう部下に指示すると、言い争いになりました。これは以前からの慣例で続けてきたことだというのです。取引にはどうやら、胡散《うさん》臭い連中が関わっているらしく、その直後、会社にいる私に先方から電話がかかってきました。

「おめえさんの娘は○時ごろに家を出て、△△学校に行っているだろ。お宅の庭に糞尿をぶちまけたり石を投げ込んだりする仲間がいるんだよ。わかるだろ」

「おめえさん」なんて言葉は生まれてこの方、直接耳にしたことがなかったので面食らいました。要は脅迫です。引き下がらずにいると、今度は現地の支社の部長から電話がかかってきました。話を聞いていると、どうやらこの件には政治家まで関わっているらしい。今の時代にはありえないことですが、四〇年前にはよくあることのようでした。

「丹羽君、黙って言うことを聞いたほうがいい」

「私は責任者として不正はできませんよ」

すると、今度は会社の最高幹部筋からお達しがありました。

「今、君がやっていることは黙ってやめさない。命令だ。今後いっさい触れてはいけない」

会社として決定した方針には逆らえません。それからは見事に何も起きなくなりました。後になって、当時の部下にも無言電話が夜中にかかり、念のために家族全員をホテルに一時避難させていたことを知りました。

私の正義は結局、通りませんでした。日本社会の裏側、世の中の仕組みが少しわかったような気がしました。

生きていれば誰しも、大なり小なり理不尽なこと、道理に背くことに遭遇します。仕事上も自分の良心を曲げて妥協せざるを得ないことが少なからずあるでしょう。「それができてこそ大人だ」とも言われます。

しかし、それぞれが良心に従って生きることは何をおいても大切なことです。それが会社を救い、ひいては社会全体を救うことになる。私はそう信じています。

ただ、勢い余って組織や仲間を無視して、単独で行動してはいけません。自分を支持してくれる先輩や上司に相談し、ともに動いてもらうことです。それは自分の思いを実現する必要条件でしょう。

真実を語る「諫言の士」を持つ

データ改ざんといった不正は利益至上主義のもと、上部から現場に無理難題を押し付けるときに起こりがちです。製品の品質や性能向上の指示について、与えられた時間でできないことはできないと、上司に直言する人物が会社には必要です。

自らの地位や待遇が不利になることを顧みず、会社のことを考えて「これはおかしいですよ」と真実を告げる「諫言の士」です。

とくに諫言の士が必要なのは、トップにいる社長です。どんな立派な社長も道を誤ることはあります。功成り名を遂げれば、経済界で地位を得たくなり、政治家と癒着する、お金をばらまく、愛人をつくる……お金は万能と信ずる人間こそ、えてしてそうなりがちです。行く先々に落とし穴が待っているのです。

しかも社長を長くやればやるほど、周りは経験も知恵も少ない部下ばかりになって、自分を批判したり忠告したりする人間がいなくなります。そうするとどうなるか。

社長が道を外れても、保身のために周囲は口を閉ざす。善悪、功罪の判断をせずに社長をひたすら持ち上げる。勇を鼓して忠告したら「生意気なことを言うな」と周りに押し込められる。物言えば唇寒しで、迎合する部下たちが結果的に「裸の王様」を育て上げるのです。

実のところ、それが社長の最大のリスクではないでしょうか。社長を長く続けることには、そうした危険があることを肝に銘じるべきでしょう。多くの会社が過去何十回、何百回と、そうした失敗を繰り返してきたのです。

昔は「番頭さん」と呼ばれる諫言の士がいました。代々の社長に仕え、いちばん会社のことを知っている人間です。社長になる機会はないかもしれませんが、社長の過ちや行き過ぎを正し、暴走に歯止めをかける役割を果たしてきました。江戸幕府なら「天下のご意見番」大久保彦左衛門（一五六〇〜一六三九年）でしょうか。

歴史上、最も有名な諫言の士は、唐時代の皇帝太宗（李世民、在位六二六〜六四九年）に仕えた諫議大夫の魏徴（五八〇〜六四三年）でしょう。魏徴は太宗の怒りが激しい時も、顔色ひとつ変えることなく直言し続けたと言います。名君の陰に名臣あり。一七年の間、諫言の数は実に二〇〇回以上に及んだとされます。

太宗の偉いところは、いかなる厳しい諫言にも耳を傾け、自らの非を正そうと努力したことです。中国史上、比類なき名君といわれ、太宗の治世は「貞観の治」と称えられました。そうして唐（六一八～九〇七年）は二八九年という中国史上、最長の統一王朝になります。

今は取り巻きが意見することもなく、トップの意向を斟酌するばかりの世の中です。巧言令色鮮《すくな》し仁。お世辞ばかりが上手で、魏徴のような諫言の士がいなくなりました。

魏徴だけでなく、それを受け入れた太宗のようなトップも見当たりません。言動や判断を批判された部下を切り捨てていけば、周りに残るのはゴマすり人間だけで、会社内に忖度の悪弊がはびこります。自分を批判した側近を次々に罷免していくあの有名な米国大統領こそ格好の反面教師でしょう。

無論、諫言の士がいつも正しいわけではありません。当然ながら、言われる通りにする必要はありません。それでは部下の信用を失うどころか見くびられるのがオチです。

要は、社長に求められるのは批判の声に耳をふさぐことなく、真正面から受け止めて考え直す度量です。過ちては改むるに憚ることなかれ。物事をフェアに聞き、理性を持って判断する。自分の無知を自覚して他人の意見を取り入れる、ということです。

部下は上司をよく見ています。トップにすり寄る幹部より、トップに苦言を呈する幹部を信頼しているものです。諫言の士を粗末に扱えば、部下の信頼も失うということです。

文句を言う部下こそ重要なポストに付ける

名社長と呼ばれる人は、諫言の士を重用します。組織内にいつも本当のことを言う人材を抱えていれば、それだけでおそらくその経営は五割がた成功と言えるのではないでしょうか。これは政治についても同じことが言えると思います。

厳しい意見を口にする部下を組織から外さずに必ず残すよう目配りするのは、難しくても必須です。

「そんな面倒なやつは早くどこかに移せ」

そうしたくなるのが人情です。そして人事権をつい行使したくなります。でもそれは、社長が自分の評判や立場を第一に考えて、会社を中心に考えていないからです。会社を第一に考えるなら、そういう部下をこそ温存すべきでしょう。

それに加えて、そういう人材こそ、もっと重要な仕事につけるようにすべきです。例えば取締役、監査役、監査部長。すなわち会社の法令遵守やコンプライアンスに問題がないかをチェックする役割です。

諫言の士はもともと出世など考えていません。考えていれば、上司を諫めるような苦言を呈しません。だからこそ社長が見出し、配慮しなければいけません。

昇進しようがしまいが、好かれようが嫌われようが、言うべきことは言おうとする。上司の意見に賛成することもあれば反対することもあるが、一貫して価値観に偏りがない。そういう人材は必ず社内にいるはずです。もちろん人間ですから、根底にある本性に変わりはありませんが、生来の正義感が強く、言葉やふるまいに自然と出る人がいるものです。

その中で社長は自分に真実を告げる人材を見つけ出すことです。そういう人材はつくろうとしてつくれるものではありません。だから選ぶことになります。常にそういう目で部下を見て、「こいつは本音で話しているな」「彼はいつもおべんちゃらばかりだな」と見極める。

そして、そのことは絶対に口に出してはいけません。口に出せば社員が社長の目を意識して、かえって本当の姿が見えなくなります。黙って選ぶことです。

社内でこれはという部長は諫言の士的な役割が期待されています。しかし、昇進のポストがチラついた時点で舌鋒が鈍くなるのが世の習いです。

ただ立派な親分になってもらうべく遠慮会釈なく意見や忠告を直接伝える人もいます。たとえそれで「おまえは生意気だ」とクビを宣告されても、

「けっこう、そんなケチな会社、おれのほうから辞めてやる」

という心意気で生きている、尊敬に値する人は必ずいます。

こうした諫言の士を重用し、後継者としなくとも活用していくことは大変重要です。長幼の序や学閥、派閥を重んじるような官僚的な会社であれば、諫言の士が生まれることはないでしょう。

株が暴落しても無配にすべき理由

では、私の社長時代の具体例をお話ししましょう。一三〇〇年以上前の魏徴とは時代も違いますが。

不良資産の一括処理で会社始まって以来、初の無配を決めた時のことです。当時は業績不振のため減配をせざるを得ないという時期でした。

株主としては、会社の行く末よりも、株価と配当を確保できれば株を持っている価値があります。減配、無配となれば、株主からの信用は一気に失われるでしょう。取締役会では、

「株主あっての会社であることを考えれば、配当は継続せざるを得ないだろう」

という流れになっていました。最終的に決定する取締役の前で、くだんの部下が異を唱えました。

「社長、配当は難しいです」

「何が難しいんだ」

「配当の原資はどうするんですか」

「原資がなければ、何かを売って利益を出すしかないだろう」

「資産を売って利益を配当に回すのは、社長の立場としては手っ取り早いかもしれませんん。しかし、後に続く若い社員のことを考えれば、会社の体力がそれだけ失われることになります」

「商社で配当をなくしたら株は暴落するぞ」

「たとえ暴落したとしても、会社全体の将来のことを考えれば、配当はやめるべきです」

配当継続のために資産を売却するくらいなら、その資金を新たな投資に回して利益を生み出すべきだ、という考えです。

その考えは正しい、と思いました。ただ、実際に原資がないかどうかはわかりません。

「よし、わかった。原資と配当について再調査の上で結論を出すことにする」

本当に原資がなく、資産を売らざるを得ない場合、先の見通しが立たないなら配当を続けるわけにいきません。決定は次の取締役会まで繰り延べし、結局、部下の忠言に従って無配を決めました。

配当継続の危険性がわかっていた経営幹部はいたはずですが、みんな口を閉ざしていました。そばに諫言を発する部下がいなければ、私は道を誤っていたかもしれません。その部下には取締役を経て最後は監査役を務めてもらいました。どの会社でもそういう人材は少なくなっているようです。

例えば超低金利の下、優良上場子会社の株の買い増しをすることにより、売上・利益増と株価上昇の利益を計上できるため、現在、この手法を多くの会社が「打ち出の小槌」のように利用しています。しかし連結グループとして見れば同じ身体の手足であり、子会社の株が下がれば当然すべての項目でマイナス計上となり減損会計が出始めます。

冷静に見れば安い、あるいはマイナス金利で世界中であり余るお金は、国債・社債か自社株か、少しでもゼロよりプラスのものに投資が集まっています。世界のあちこちで「マイナス金利の罠」にはまり、ルビコン河を渡っている企業が多く、いつの間にか世界は史上最高の「金バブル」に入っているとの声も出始めているようです。

こうしたときこそ、「番頭」の出番です。

権限と責任を明確にせよ

なぜ不正やごまかしが生じるのか。原因の一つに権限と責任のあいまいさが挙げられます。

権限と責任は常に裏表の関係にあります。決められたことを無責任に放置してしまうことは、日本人の最も悪い習癖、という以上に民族に根付いた精神文化ではないかとさえ思うことがあります。

また、同調圧力が強い日本のゲマインシャフト（村落共同体）では、村八分にされることを最も恐れます。互いに責任を追及することなく、すべての物事をうやむやにしたまま「まあ、いいじゃないか。仕方がないだろう」「そうですね」で受け入れるメンタリティーが根深く染み付いています。

そして「上のほうが何とかしてくれるだろう」「お上の言うことだから間違いないだろう」で長らくやって来ましたし、今もなお内心ではそう思って本書をお読みいただいている方もいると思います。

意見の対立を避け、相互に肚を読み合って妥協し合う。誰の責任か不明のまま「長いものには巻かれろ」で一見平穏に過ごしています。

しかし、あちこちに「無責任のゴミ」が堆積し、深刻な問題になっています。巨額の財政赤字の継続と国債の累増、年金問題、「核のゴミ」問題、国はいずれも問題を先送りして、まともに向き合おうとしていません。

「臭いものに蓋」をいつまで続けるつもりでしょうか。日本人はそろそろ自らのアバウトぶりを自覚して、それぞれの権限と責任の所在、そして責任の取り方を明確にするべきです。

失敗を重ねた人間にはペナルティーを与え、成功した人間には何らかの報酬を与える。結果が待遇に影響を与えない限り、人間は何も変わりません。

瀬島龍三さんが数十年前に着手したのが、この権限と責任の明確化でした。

商社は繊維から飛行機、ラーメンからミサイルまで、あらゆる分野を手がけています。扱う金額は部署によって大きく異なります。となれば、食品と繊維と機械の各部長の権限・責任がそれぞれ同じということはありえません。そこで、各部署の部長、部長役、部長代理、課長などの役職の定義を明確にし、その権限や部下の人数、給与に応じて責任の範囲を明らかにするようになりました。

私の推測ですが、彼はこうした統治スタイルを恐らく陸軍の組織論から導き出したのだと思います。軍隊を最大限機能させるためには、例えば大将、中将、少将などは役職名にすぎず、その権限と責任を明確にする必要があったはずです。

そして、それは組織を統治する際の本質を突いています。なぜなら、組織の最大の資産は人間だからです。その最大の資産をいかに活用するかが、社長のいちばんの仕事です。活用の起点となるのが権限と責任の明確化なのです。

どんなものも三枚にまとめろ

瀬島さんが徹底した、もう一つの教えがあります。「言葉のデフィニション（定義）を明確にしろ。そうしないと会話ができない」というものです。

話は横道にそれますが、彼はいつも「三」という数字にこだわっていました。

「この事業計画について、君の考えを三枚以内にまとめて持ってこい」

「これは三枚では到底収まりません」

「三枚だ。私は忙しくて一〇枚も二〇枚も読んでいる暇なんてない」

三枚に無理やりまとめた内容が悪いと、その場で破いて、ごみ箱行きです。

「ちょっと、それ、コピーも何もまだ取っていません」

「何を言っている。こんな内容だったら一枚に三点を挙げてまとめろ」

文字の大小にかかわらず三枚。あるいは一枚に重要な点を三つ挙げる。

「この問題について非常に重要な点が三つある」

論点も常に三つを挙げていました。なぜいつも三つなのか、なぜ二つや四つじゃないのか、直接尋ねたことがあります。答えは、

「二つじゃ短すぎる。四つじゃ長すぎる。それ以外に理由はない」

答えになっていませんが、そう言われると、正しいような気がします。そのうち私も講演で必ず「重要な点が三つあります」と話すようになりました。途中で脱線したり他の支線に入り込んだりしても、まだ二つ目だと気づいて話を戻していますが、気づかなくなったらそろそろ私も店じまいでしょう。

私は経営における決断と実行という面で瀬島さんに大きな影響を受けましたが、生き方はある意味、正反対でした。

私が社長になって、以前のように彼の部屋に行こうと電話で伝えたときのことでした。

「例の件で話がまとまりましたので、今からご説明に伺います」

「いやいや、社長にわざわざ足を運んでいただくには及ばない」

「いや先輩、私が本当に伺いますから」

彼はどうしても受け入れず、杖をついて社長室まで来られました。

それが彼の流儀でした。軍隊組織では上意下達の意思決定システムが厳格に守られ、上官の命令には絶対服従です。会社の中で社長はいわば軍隊の最高指揮官に当たると見なしていたのではないでしょうか。

私の場合、相手が先輩であろうが上司であろうが、間違いは間違いだと遠慮なく指摘していました。こうした跳ねっ返りは傍から見れば危なっかしくて、平時には社長になれなかったでしょう。私が社長に選ばれたのは、会社が危機のさなかにあったからかもしれません。

経営にはどこかでその人の本性が出てきます。最後は人間性の問題に行きつきます。

良いときは三分の一、悪いときは三倍に

会社が不祥事を起こしたとき、社長はどう対処すればいいでしょうか。

いまだに社長は「年俸の三割カット」と言って済ませています。減俸が三割であろうが五割であろうが、世間の常識に照らし合わせれば、見当違いです。サラリーマンの平均年収は約五〇〇万円。世間はこう思うに違いありません。

「三割カットしても年収七〇〇〇万円。つまりこれまでは一億円ももらっていたわけか。三割ぐらい削っても痛くもかゆくもないだろう」

「たとえ九割カットでも一〇〇〇万円か。おれはそんなにもらってないぞ」

その辺り、世間はシビアに計算しています。「いいご身分だな」と思われれば、給料カットの意味はないどころか逆効果になります。

社長時代、不良資産を一括処理したとき、私は自分の給料を全額返上することにしまし

た。一六三〇億円の赤字を計上して無配となったけじめをつける意味でした。給料全額返上は役員や社員の意識を変革するための一つの手段であり、意識を変えるためにはまず会社トップの覚悟を示さなければならないと思ったからです。

会社の業績は急速に上向いたため、実際には無給期間は短期間で終わりました。けれども人間は残酷な動物です。給料を全額返上しても、いつも変わらず平気な顔をしていれば、

「給料を全額返上しても、やはり社長は余裕で生活できるんだな」

と意地悪な気持ちになります。

ところが、相手が肩を落として弱りきっていれば、

「社長も大変だな。何も全額返上しなくてもいいのに」

と同情を寄せたりします。まことに現金なものです。

「良いときは三分の一。悪いときは三倍」

私の人生哲学です。成功して周りから声援と拍手を受けても調子に乗らず、「まあまあ勘弁してください」と喜ぶのは三分の一程度にしておく。

逆に間違いをおかして謝るときは、自分が十分と思う程度の三倍は謝ったほうが賢明です。「ごめんなさい」では「謝って済むなら警察はいらない」と世間は許してくれませ

ん。「本当に申し訳ありません」と加えても「本当に反省しているのか」と疑われます。三倍ほど謝って初めて「そこまで反省しているのなら、もういいだろう」と許してくれるのです。時には「素直に非を認めて立派だ」とまで言われます。

人間は妬みや憎しみを抱えた、残酷な生き物です。そういう人間理解に基づけば、自分の気持ちを正しく伝えるためには、相応の配慮が求められるということです。

真に公正な第三者委員会とは？

不祥事が起きた時、会見で社長が、

「十分に調査して再発防止に取り組むのが、社長たる私の責任です」

などと話しています。一見、真摯なようですが、違うでしょう。自分の過ちを自分で調査してどうするんですか。内容や規模にもよりますが、問題が起きた時、社長はまずもって自らの責任を認めて事を明らかにするべきです。

その上で、第三者に調査を依頼する。結果が出るまでは、問題に関わらなかった人物を社長代行にして、経営の舵取りを任せる。自分は潔く退くことです。

責任を現場に転嫁してはいけません。検査データの改ざんや、無資格者の検査など、実際に執り行った人間が悪いと思われがちです。確かにその人は悪い。

しかし、そうしなければならない事態へ彼らを追いやったのは誰ですか？　少ない人員で無理な品質改善や納期を押し付けられ、必死で仕事を回している現場からすれば、魔が差すこともあるはずです。そんな環境を作ったことが問われなければ、将来、必ずや同様のことが再発するでしょう。

最近は、あらゆる不祥事で、問題がすでに表面化した場合、第三者委員会を立ち上げて調査をするケースが目立ちます。第三者が調査をすると言えば、「公正中立な第三者が調査してくれて安心だ」と決着ムードに持ち込むことができるからでしょう。

事件の解明がすでに司直の手に委ねられている場合、限られた時間内で、違法性の有無以上に深く、背景も含めた全容を解明するために、第三者委員会の果たすべき役割は大きいと思います。

問題はその調査のあり方です。例えば当事者以外、調査結果の是非についての議論を目にすることは、ほとんどありません。これまでのような第三者委員会の存在では、国民やステークホルダーは納得できないのではないでしょうか。

まず、利害関係がない第三者委員を誰が指名するのかが重要です。この人選自体が官の世界で行っているようなお手盛り方式では公平性が保てません。弁護士や実業家でもかまわないので、身内ではなく第三者に選んでもらうことです。

そして、委任された委員の氏名を当初は公表すべきではないでしょう。公表すれば、そこにすり寄る人が必ず出てくるからです。

また、委員は全員が少なくとも署名やハンコを押すなどして結論に対して一定の責任と義務を持つべきです。法規制のない第三者委員会だけに、誰もが納得できるようなルールをつくる。調査後は委員名とともにメディアに内容を報告し、世間に広く伝える必要がある。調査委員会の責任は重いのです。

嘘は必ずバレるもの

データ改ざんであれ不正会計であれ、不祥事には必ず「嘘」が伴っています。つまり短期間か長期間かは別として、会社内の誰かが必ず嘘をついているという事態です。

嘘をつくと何が起きるか。まず、嘘をついている本人が暗い人生を歩くことになります。嘘をつくことで誰かを騙したり、誰かを犠牲にしたりしている。そのことがいつバレるか、みんなに知られるか、と生きた心地がしません。

私は若い頃に一度、そうした思いを味わいました。面倒で何ヵ月も放置していた仕事について、上司から「あの仕事はもう終わったのか」と聞かれて、怒られるのがいやなあまり、つい「終わりました」と答えてしまったのです。

「終わった」と言った手前、大急ぎで片付けなければいけません。仕事を終えていなかったために、危うく会社に損害を与えてしまいかねない状態にまで陥りました。ちょうどアメリカ赴任の直前だったので、「嘘がバレたら赴任も取り消されるのではないか」と気が気じゃない。お酒を飲んでもちっともうまくない。

そのときに「もう二度と嘘はつくまい」と心に決めました。今考えれば大した嘘ではありません。会社全体の仕事が見えていない新米時代は、小さな嘘でも「会社が大変なことになるのではないか」と針小棒大に捉えがちです。その意味では、若い時に小さな嘘で失敗し、嘘の怖さを思い知ったほうがいいとも言えます。

嘘が個人にとどまらない場合があります。部下や上司を巻き込んだり、部署内で不正を抱え込んだりします。それがやがて組織的な隠蔽、あるいは何年にもわたる長期的な隠蔽につながり、会社に対する大損害どころか、社会に対して多大な被害をもたらすことにもなりえます。

いずれにしても、嘘は必ずバレます。それが一年後なのか五年後なのかはわかりませんが、間違いなく明るみに出て問題化します。それは相次ぐ企業や官僚、政治家の不祥事を見れば明らかです。

社長は不正を知った時点で、自分の進退をかけてそれに向き合う姿勢が試されます。原因解明と再発防止策、迅速な情報開示、信頼回復への措置など、なすべきことは山積しています。

もちろん、社長が真実を伝えられず、嘘をつかなければいけないときもあります。それは事実が表に出れば会社が破綻するときです。一時的に嘘をついても、会社は生きなければなりません。

しかし、そのときは、言えば倒産するような不正をしたことこそが問題であり、そこにメスを入れる必要があります。誰が、なぜ、どのようにしたのか。ある期間、徹底的に調査し、それへの対応策を万全に講じて最後に虚と真実をきちんと公表します。

不祥事の元にあるのは、人間の本性にある自己中心主義や我欲です。それが人をして嘘をつかせるのです。嘘は人生を暗くし、会社を暗くする。そして社会を暗くします。組織のトップが胸に刻んでおくべきことです。

第六章　後継と責任――「社員の喜び」こそがリーダーの感激

実力主義でチャンスを与えよ

社長の最大の仕事は、「最大の資産である人間をどのようにして生かし、動かし、活用するかだ」と何度も言いました。つまり社員の雇用を守り、育成することこそが社長の務めです。それがひいては家族や地域、あるいは社会全体への貢献になります。

問題はそれをどのように進めていくかです。社長は現在の職場の実態から現行のシステム、社員の言動までを見据えて人材を育成し、組織を統括していく必要があります。

日本の若者は、おしなべて元気がありません。たとえば二〇一七年の「消費者白書」によると、内閣府の調査で「将来に明るい希望を持っている」若者（一三〜二九歳）の割合を七ヵ国間で比較したところ、日本はわずか一二％です。アメリカ五六％、スウェーデン五二％、イギリス四四％、韓国四二％、ドイツ二七％、フランス二四％と比べても極端に低い数字です（小数点以下、四捨五入）。

さまざまな調査の結果を見ると、日本の若者は将来に対して夢や希望を持っておらず、新しいことに挑戦する意欲もない。

「こうして生きていれば、そこそこ幸せに暮らしていける。とくに不満はない。それでいいじゃないか」

こういう価値観の若者が圧倒的に多いことがわかります。

こうした状況で社員の実力とやる気を引き出すことも、社長の重要な使命の一つです。

一つは実力主義です。社長時代の私は、人事担当者に指示して、学歴や出身大学を問わず、実績を重視して人材を登用することを心がけました。さらにグループの人材派遣・教育機関で採用し、高卒や専門学校の新卒採用も進めます。さらにグループの人材派遣・教育機関で採用し、一定の基準に達した優秀な人材は、若いうちに本社で働けるよう改革しました。

学歴がないという理由だけで評価が下がるという不合理は許されないでしょう。高卒というレッテルに当人が萎縮する必要もありません。しかし、それをいくら口で言っても、目に見える結果として示さなければ事態はいっこうに変わらないのも事実です。

だから、成果に応じて経営幹部にまで昇進できる道筋をつけ、実際に高卒の役員クラスも継続して実行しました。

次にチャンスを与えることです。前述したように、部長時代は毎朝、課長や社員を集めて仕事の悩みや希望を聞いたりして、言葉を交わすということを定期的に実行していました。中には「海外に行きたい」という部下がいます。

「よし、わかった。半年間、仕事からフリーにしよう。アメリカに行ってこい。何をしようとおまえの勝手だ。レンタカーを借りて、どこに行くかは自分で考えろ。だけど日本人のいるところは絶対寄るな。日本の会社の事務所にも寄るな」

その間、仕事は一切なし。完全な自由時間です。費用は実費払いで送る。何をやっても自由だが、「週に一回、何をしているか、私（部長）に手紙を書くように」。

当時、一九八〇年代なかばで航空運賃は今ほど安くはありません。けれども部長はそれぐらいの権限はありました。

その当人は、半年で帰国した後、落ち着きと安定感が少し増したように感じました。社長になると、新入社員を全員、四年以内に海外に出張させるようにもしました。たかだか数ヵ月（最長二年間）です。それで英語が十分話せたり人脈ができたりするわけではありません。

大事なのは、一歩外に出れば自分の知らない世界が広がり、多くの人々が自分とは異なる価値観で生きている事実を体感することです。それは必ず今後の仕事の考え方、取り組み方にプラスになるはずです。

最近、多くの若者が「将来、幸せになるために今、何をすればいいかわからない」と言いますが、同じような考えを持った仲間と同じような生活をしている限り、状況は何も変わりません。今までとは違う何かに挑戦することです。そのためには海外に出て、自分が見る周りの景色を変えることをお勧めします。

実際、私のものの考え方はアメリカにいた一〇年で変わりました。例えば、ビジネスの現場では、口に出す言葉は日本語でも、頭の中で考えるのはできるだけ英語でするように努めました。英語は主語と目的語が明確で論理的な思考が求められるからです。

その点、日本語はあいまいです。「よろしくお願いします」という常套句も、「誰に」「何を」「よろしく」求めているのかはっきりしません。事ほど左様に日本語的思考では論理的な議論が成立しにくいのです。

会社幹部はいったん海外に出て、異文化の中で日本の良さ、アメリカの良さ、中国の良さなどを肌で感じてみることです。グローバルな価値観を身につけた人材が増えていけば、会社はそれだけ強靱になります。

人の心を変えれば組織が変わる

もう一つ、権限を委譲することも人材を育成する際のポイントです。

志を高く持てるのは、自分に責任があると思うからです。人から期待の視線を一身に浴びるから自分を律して実行できるのです。

権限を与えられると、人はそれだけ張り切って働きます。場合によっては、能力以上の力を発揮します。権限を与えられた人間が自ら考え、決断してゆくことで能力が磨かれるからです。

その際は全権を委ねることです。ひとつの仕事を完遂させ、報告させ、徹底的に任せる。そうして経験を積ませる。もちろん、アドバイスはします。必要なのは、苦労の末に成功したときの達成感と充実感を一度体験させることです。

「苦しいときほど人は育つ。だから大いに苦しめばいい。そこから逃げるな。給料をもらって貴重な体験をさせてもらっていることに感謝しろ」

社長ができるのは、組織の人の心と心をつなぐような達成感と喜びを与える方向に持っていくことです。そのために核となるのは、幹部たる部長クラスです。

彼らがその部下に夢を語り、その夢を現実的なビジョンに落とし込んでいく。そのビジョンを達成するために三年後にこれを達成しようという目標を立てる。その目標に到達したときに、部下たちチームが一丸となって喜びと充実感を共有できる組織にしなければいけません。

社長時代の私は、そのために一〇〇人ほどいた部長全員と一時間ずつ対話する時間をつくりました。開口一番に言います。

「君の部署は儲かっていないなぁ。どう思っているんだ？」

それから「君の夢は何なんだ？」と尋ねます。

「今持っていなければ、自分で考えてみてくれ」と。

チームや組織を改革するにはどうすればいいか。構成やシステムを変えたくらいで、その組織が変わることもなければ、利益を上げることもできません。必ず利益を生み出すような組織があるのなら一六〇〇年の東インド会社設立以来、とっくの昔に数えきれないほどの儲かる組織ができているはずです。

問題は組織の形ではなく、組織を動かしている人間の心を変えることです。人間の行動を決める精神を変えることです。働く人間の喜びは、仕事をやり遂げた達成感にあります。だから若い世代にも夢とビジョンと目標を共有させて、達成の感動と喜びを共有できるようにするのです。

部長たちに申し渡しました。一ヵ月に一回でもいい、部員を集めて自分の夢を語れ。その夢の達成のために、部員それぞれに目標と権限を与えよ。それを何度も繰り返し、チームとしての目標を明確にしろ。そういう努力を社長がして初めて会社は変わっていくのです。

強い絆が離職を止める

若者の早期離職はいっこうに減らず、新入社員の三人に一人は三年以内に離職する時期がありました。理由は「給与があまり良くない」「仕事上のストレスが多い」「労働時間が長い」「会社の将来性に期待が持てない」……。

私自身も入社した時、三ヵ月で辞めようと思っていました。ちょっと間違えると怒られる。誰も褒めてくれない。仕事がうまくいかない。

それが、やがて「ありがとう」と言ってくれる顧客が現れます。自分も人の役に立っていると自覚できます。会社に行けば、「頼む」と仕事を任されます。

何が社員を会社に引き止めるのか。お世話になった先輩やお客さんとの絆、そこで得た喜びや感激の共有ではないでしょうか。

日本人は、組織や全体のために身を尽くして働くというメンタリティーを根底に有しています。日本の企業は、社員を大切にしてみんなの士気をあげ、苦しい時もみんなで負担をしあうという風土です。

もちろん、その集団主義がマイナス方向に振れれば、滅私奉公の規範になったり、付和雷同の横並び意識に転じたりします。しかし、個人の力を結集して組織全体の力を上げていくダイナミズムは日本人が本来、得意としてきたものです。この点、個人主義が徹底したアメリカ人や中国人は持ち合わせていない稀有な資質です。

そうした全人格的な人間交流は社会的にどんどん希薄になっています。日本の企業の足腰が弱くなっているのは、そこに原因の一つがあると私は思っています。若者たちの早期離職を止め、辞職を思いとどまらせるのは、この日本人の特性を生かした企業文化ではないでしょうか。

仕事の内容とは別に、「あの人についていこう」「あの人がやるなら私もやる」「自分の人生をあの人に賭ける」というくらいの強い絆を結べる上司と部下、同僚がいるような会社は必ず強くなります。

そういう関係があれば、多少給料が安くても、仕事がきつくても、社員は辞めずに続けることができるはずです。「仕事が好き」という場合の「仕事」とは、「職場の雰囲気」や「一緒に働いている同僚」が大きなウエイトを占めているのです。

人を使い捨てにしない

そんなふうに働くことを楽しめる環境を作るのが社長の仕事です。適材適所に人を配置する。それぞれの仕事を的確に評価する。それを実現するには、会社は運命共同体である必要があります。

そのためにも私は以前から、

「非正規社員をなくして、すべて正規社員にするべきだ」

と主張してきました。

派遣労働者の就業条件を定めた労働者派遣法を見ると、「労働者のため」と謳いながら生産者の論理に覆われています。都合のいい理屈をつけて、できるだけ残業代なしに長く働かせて、要らなくなったら使い捨てにできるようになっています。

経費削減を金科玉条のように掲げて、会社にとって最大の資産である人材に投資せず、何に投資するんですか。会社や仕事をいとおしむ気持ちや働く意欲がなくて、業績が上がるわけがありません。

業績が悪いなら、なおさら人に教育をしなければならないでしょう。その教育費用が捻出できないからといって非正規社員を増やし、一時的にコストを削減したところで、その場しのぎで終わるのが関の山です。すると、ますます人件費削減のため正規社員を減らし、非正規雇用を増やすことになります。

政府は今「有効求人倍率が改善した」としきりに喧伝しています。しかし、内容をつぶさに見れば、求人が増えているのは大部分が3K（きつい・汚い・危険）の仕事です。増え続ける非正規社員は二〇一四年に戦後初めて二〇〇〇万人を超え、今や全体の四割弱が非正規社員です。その年収は二〇〇万円以下が圧倒的に多く、しかも給料はほとんど上がっていません。つまり低賃金人口だけが増えているわけです。

人間を粗末に扱えば、そのツケは必ずブーメランのように社会に跳ね返ってきます。一度、非正規社員になったら正規社員にはなかなか這い上がれません。すると教育現場の学校群のように、労働市場が正規群と非正規群に分断されます。

非正規社員は、なかなか結婚にも踏み切れず、結婚しても子どもを育てる余裕がありません。夫婦共稼ぎで働き、歳をとってくると、親の介護の問題も出てきます。将来に希望が持てず、鬱になる人が増えて、自殺する人もいます。

これを包摂するのは社会ではなく、同じ職場の上司や部長以外ありえないことを社長をはじめリーダーは忘れてはいけません。

雇用を安定させて労働環境を改善する。これは今、企業がいちばん考えなければいけないことです。

女性の力をいかに引き出すか

もう一つの課題が女性の能力をいかに引き出すかです。近年、女性の活躍には目を見張るものがあります。政府も二〇一五年に「女性活躍推進法」という法律までつくって、そのパワー発揮を後押ししています。

私は部長時代に会社で初めて女性を海外出張させました。毎朝、社員の話を聞いていると、「私たちだって会社のお金で海外に行きたいわよね」という女性が少なからずいます。聞けば、「飛行機に乗ったことがない」と言います。

「商社で働いていて、それはいかん。よし、海外に行け」

「渡航資金はどうするんですか？」

「当然、会社持ちだよ。同じ仕事を一緒にやっている海外の仲間と話し合うのは大切なことだ。せめてグッドモーニングぐらいは覚えておけ」

部長の権限で女性に海外出張を命じてはいけないとは就業規則のどこにも書いてありません。本来は人事部が発案してやるべきことです。ところが、人事部は当初反対しました。

「女性一人を海外に行かせるのは危険です」

「本人が行きたいと言っているんだ。何も危険な場所に行くわけじゃない」

「もし何かあったら、どうするんですか？」

「わかった、私が保証人になる」

一週間余り、オーストラリアへの出張でした。喜んで帰ってきました。「次は私が行きたい」と手が挙がります。前例を作れば、次の部長が続きます。もちろん、リスクはあります。トラブルに巻き込まれれば、次のチャンスは当分、絶たれるでしょう。

海外出張が目的ではありません。要は会社の末端にいる自分たちも、自分の判断で何事かをなし、会社の仕事の一翼を担っているという手応えをそれぞれに持たせることが大切なのです。わずかな経費で社員の喜びはどれほど大きいことでしょうか。こうした会社から社員への投資がなければ、一翼どころか、会社の命令に従うだけの社畜です。仕事が面白いはずがありません。

東京商工リサーチの調査によると、二〇一八年、全国の女性社長は約四一万二〇〇〇人と八年間で倍増したものの、全国の企業の中で女性社長の比率は全体のまだまだ一三％です。上場企業のうち女性役員が一人もいない企業は全体の六三・六％を占め、役員総数のうち女性役員の占める割合はわずか四・二％。女性役員比率が一割以上の企業は二割にも達していません。

私が社長に就いたとき、女性役員を将来三割にするという目標を掲げました。その場合は必ず二人同時です。一人だと役員会などで発言できません。私は女性だけの会議に一人で出たことがありますが、やはりなかなか発言しづらいものです。

しかし、絶対数が少ないのに女性だけを登用すれば逆差別になります。誰が見ても有能な人材であることを条件とし、同時に社員の三割を女性にするという目標も掲げました。

とはいえ、目標だけ掲げても、それを実現できる環境を整えていかなければ、所詮は絵に描いた餅です。結婚、出産、育児に際して、例えば会社が託児所やベビーシッターの費用をバックアップする。企業のコストとしては微々たるものです。

費用やお金だけでなく、仕事や夫の支援、勤務シフトの便宜も必要です。最近はインターネットを使って受付や郵便物転送、秘書代行、会議ができる「ヴァーチャル・オフィス」など、自宅で子どもを育てながら仕事ができる環境が整いつつあります。

少子化対策のため行政が出産に交付金を支払うよりも、女性が仕事を続けていくための環境を整えていくほうが効果的でしょう。

性別だけではありません。年齢や国籍を問わずに人材を育てたほうが、会社は多様性を持つことができます。能力や性格を一律化、平均化させるのではなく、いろいろな人材を擁しているほうが、会社は社会の変化に対応しやすくなることは言うまでもないことです。

後継は未熟者に任せよ

社長の非常に重要な仕事に後継者を見出すことがあります。それは社長の絶対的な責務でもあります。

責任感が強く、信頼の置ける複数の人材に少しずつ仕事を任せ、注視を続けることです。社長の言動を見て周りの社員も次第にそうした雰囲気になり、当人の自覚を促して自発的に勉強する環境を整えます。

大企業で長年トップの座に就いている方々は、みんな優秀なのだと思います。ただ一つ、気になるのは後継者を育成しているかどうかです。育成する覚悟がなく、待っているだけではふさわしい人材など現れません。

経営陣が既得権を握って放さない組織では、優秀な人材は育ちません。年長の社長が頑張って、若い世代はその状態に安住しているという、あるべき姿とは逆の構図です。

よくこんな言葉を耳にします。

「うちの幹部は未熟なので、まだまだ任せられません」

社長にしても役員にしても就いた当初は、みーんな未熟者です。経験がないのだから、未熟なのは当たり前でしょう。未熟者だから社長になるのであり、成熟した人は社長を辞める人です。

だから私は「社長は未熟者がやるものだ」と唱えてきました。言い換えれば、自分が未熟者であるという自覚のある人間を社長にする必要があるということです。未熟なうちに任せれば、本人が力不足を痛感しているだけに謙虚に努力します。そうした責任感が人を育てるのです。

社外取締役が過半数を占める指名委員会など当てになりません。月に一、二回出席する社外の人間が次期社長を決めるなど論外です。会社の現状をよく知り未来について考え、社員こそ第一の資産とする会社で長年苦労してきた人間でなければ、会社の文化と将来を背負う新社長を真剣に考えるのは難しいでしょう。

実際に後継者を選ぶとき、トップが心すべきは「諫言の士」探しと同様、「誰にも相談しない」ことです。相談すると、必ず周囲に情報が広まります。相談せずに観察するのです。独断と偏見とは一八〇度異なり、時間をかけ、自ずと多くの人々の声なき声を見定めることになります。

私は何百人もの候補者とコミュニケーションを取りました。面談という形ではなく、多くの人々と一緒に酒席をともにしました。そのほうが当人の素顔や本音を知ることができるからです。

そして有望な人材には海外赴任などさまざまな経験をさせてみます。すると、すぐれた人材は自然と周囲から押し出されてきます。

時には世代を飛ばし若い社長を

私が社長に就任したのは五九歳、大手商社の社長では当時、歴代最年少でした。社長になった翌年には幹部の力を得て、過去最高額の不良資産処理を実施しました。世間では社長の若さの力とみなす人が多かったでしょうが、実務を実行する社員の膨大な時間と支えがなくてはできなかったことです。

しかし、よくよく考えてみれば、累積した不良資産を処理するのは、会社を代表する社長としては当たり前のことではないでしょうか。逆に手を付けないとすれば、それこそ怠慢です。要するに、当たり前のことを当たり前と思わないほどの空気が世間を支配していたということです。

当時、私は社長としてはかなり若かったため、そうした世間の常識や慣行にとらわれない発想ができたのだと思います。前例と横並び意識にとらわれていたら、社運をかけた改革に着手することはできなかったでしょう。一年をかけた全社的な組織改革の原動力もまた、私と社員の若さにあったと思います。

私が後任人事で公言していたのは「スキップ・ワン・ジェネレーション」という考え方でした。すなわち後継社長は一世代スキップした世代の幹部から選ぶという若返り策です。世代を超えて、若手の登用、抜擢を推進して全社的な若返りを図ろうとしたのです。

それまでは後継者を選ぶ時、自分が社長に就いた年齢と同年代の中から選ぶことが慣行になっていました。しかし、それでは自分とほとんど同じ考え方や発想しか生まれません。あるいは、よく見られるように、気心の知れた子飼いの幹部を後継に選ぶことになってしまいます。

激動する時代に経営の舵を取っていくためには、現在の社長とは異なる若い世代の発想や戦略が必要だと思います。そして、会社が困難に直面した時に乗り切るには、心身の強健さが必要です。

企業社会での一世代は六年前後です。当時の私から一世代スキップするとなると、四〇代後半から五〇代前後の中堅どころになります。つまり、後継者の候補は役員ではなく、部長級の社員です。この世代は体力的にも経験的にも、最も脂の乗った人材です。彼らの台頭を座して待っているのではなく、意識的に選別して育てていく。社長というポジションをまだ意識していない段階のため、自然体の人となりを観察できます。そして、若さゆえの経験不足は五〇代後半の役員がサポートする体制をつくるわけです。

そうでもしなければ、日本の旧態依然たる企業風土の変革など百年河清を俟《ま》つに等しいでしょう。実際、欧米の政財界のトップは総じて若く、発想も斬新です。日本の経済界も全体的に若返りを図って、世界に伍していくべきでしょう。

若手には情熱と体力があります。不足しているのは経験と知恵です。寿命がある人間というのはそれらすべてを同時に持てず、永続的にも持てません。それは人間の宿命です。ところが、幅広い世代を有する企業は情熱、体力、経験、知恵をすべて持ち続けることができるのです。その意味で、企業は新陳代謝を繰り返せば〝不老長寿〟ということです。

私は後任社長には、当時五五歳の最年少役員を七人抜きで抜擢しました。商社業界で最も若い社長を若い企業のシンボルにしようと考えたのです。

年功序列を排した人事は、役員、幹部においても断行しました。この新人事制度を導入した後、二〇〇四年には四〇代の役員も登場しました。最年少部長は四〇歳。最年少課長は三五歳と明らかに組織の若返りが進みました。

私の次の社長も三期六年で社長を退き、六四歳の若さで会長に就任しました。

すると、同業他社も「うちも負けないように若い社長をつくろう」ということか、若い社長が登場し始めました。この流れは今に続いています。

一方で後継者不足に直面しているのが中小企業です。特に地方を拠点に活動する中小企業では、この後継者問題が深刻化し、後継者を公募している会社も増えています。

中小企業の経営者は、あえて言うならワンマンであるため、長く続くと後継者が育ちません。つまり社員はトップに尽くす一方で頼りきりとなり、自ら経営する意欲を失うなどして後継者が育たなくなるのが普通です。

これでは会社が立ち行かなくなるため、仕方なく外部の人材を社長に据えます。外部の人材は当然、何もわかりません。すると、重要な判断に際して社員は「先代、どうしますか」となり、結局、先代社長に頼ることになります。

みんなが先代社長に頼っていては、後継者が育つはずがありません。中小企業では枚挙に暇がない事例です。

自信過剰がうむ裏切り

ここまで威勢のいいことを書いてきましたが、人生山あり谷あり、楽もあれば苦もあります。リーダーがいちばん落ち込むのは、「これは信頼できる」と思っていた部下に裏切られることです。

人は他人を陥れることもあれば、私腹を肥やすこともあります。会社に大きな損害をかけるということもあり得ます。具体的には千差万別でしょう。自分の評価を下げたくないために嘘をつくということもあるでしょう。

ブルータス、おまえもか。トップが知らず識らずのうちに自信過剰になってしまう。人間はいつの間にか仕事同様、天狗になっていく。人間の本性はわかっているのに、同じ過ちを犯してしまうのです。

しかし、問うべきは部下ではなく、周囲が嘘をつくような状況を知らないうちにつくっていく自分です。私が、すべて説明すればわかってもらえる上司だと思われていたなら、周囲は嘘をつかないものです。

そうした経験は多くはないにせよ、やはりありうるものです。自戒をしていてさえそうなるのです。人間の本性は動物だ。人間には動物の血が流れている。こう確信しているのは、そういう経験に基づいてもいます。

長い人生においてずっと、神様のように「清く正しく美しく」生き続けている人はいません。嘘をつかない人がいるなんて真っ赤な嘘です。人間はそういう生き物です。かくいう私ももちろん、人間です。「ところでおまえも、ひょっとしたら嘘つきじゃないか」と自問自答します。どんな組織のどんな人でも、トップ自らが自らを裏切る大罪を犯す可能性を持っていることを忘れてはいけません。

でも、そうした人間の本性がそのままで許されるのであれば、世界は何年経とうが変わりません。進歩も前進もなく、同じことの繰り返しです。

そういう世界のままでいいのかどうか、私たちは常に問う必要があるでしょう。

今、人口減少の急坂を駆け下りている日本が、これからどう生きるかについては、すでに答えが出ています。一国だけでは生きていけない日本が生き残るには、世界のどの国とも協調していくために、「清く正しく美しく」生きることしかありません。

そんなことができるのか。日本人全体が「清く正しく美しく」生きるなんてことはあり得ない。全員は無理だからこそ、社会を先導していく政財界のリーダーが自ら範を示したいものです。

リーダーが絶えず肝に銘じるべきは、権力を持つ者が誤りを犯す前にできるだけ早く身を引くということです。だからこそもう一度、「社長はそれほど長くやるものではない」と私は言うのです。

社長の醍醐味

「社長は自分を捨てなければならない」「何かを犠牲にしなくてはならない」「長くやるものではない」と社長候補が怖気づくようなことばかりを書き連ねてきましたが、それに勝るとも劣らないほどの醍醐味が社長にはあることを最後に申し添えておきます。

たくさんの人間を動かしていくことは、たくさんの人間の責任を持つことになります。楽しい時は、人の何倍も楽しく、苦しい時は人の何倍も苦しい。そうした経験を重ねると、人生が広く深くなります。

自分の体験から言えば、それだけ世の中のことがよく見えるようになったのではないかと思います。そして、逆境を経て強くなったぶん、人に対してやさしくなれたのではないか。そんなふうにも感じます。

弱い者は力を誇示しよう、人に勝とうとしてやさしくなれません。一方、真に強い者は自らの強さを自覚しているために、他人に力を誇示する必要がありません。だから強くなればなるほど、人にやさしくなれるのです。

社長のいちばんの喜びは、社員たちと感激、感動を共有することです。お金ではありません。少なくとも私にとってはそうでした。

競技場におけるサッカー観戦でわーっと歓声を上げるときに味わうような喜びの共有です。何千人、何万人という社員が「社長がよくやってくれた」「ありがとうございます」と言ってくれる。そのうれしさは何事にも代えがたい。自分が褒められたり、家族が喜んだりするうれしさとは比べようがありません。

例えば不良資産処理によって会社の業績がV字回復した時や大きな事業が成功し、社員が立ち上がって拍手し、「本当によかった」と喜んでいるのを目にした時は胸がいっぱいになり、涙が出るほど感激します。

自分の決断で何万人もの人間が喜ぶなんて、社長にならなければ経験できなかったことです。このために社長をしているのではないか、このために生きているのではないか、とさえ思いました。

「自分はこんなにいい会社に勤めていられる」

「自分の仕事で大勢の人が喜びを共有する。良い仕事仲間もいる」

そう言って社員とともに感動、感激する。あるいは世間から、

「この会社は社会のことを考え、弱い人に寄り添った仕事をしている。環境問題にも理解がある」と評価される。周りからも、

「ああ、知っています。いい会社ですね」と言われる。

それは社員にとっても大きな喜びでしょう。その社員の喜びを知った社長はもっとうれしいのです。

きれいごとだと言うかもしれません。でもそう言うのは、そういう経験をしたことがない人です。これはやはり経験しなければわかりません。

小さな感動、感激は数え切れないほどあります。そういう感激はこの社会を生きていくうえで、もっとも大切なことではないでしょうか。社長にならなくても、部長、課長にならなくても、良い仕事仲間と一緒に感動、感激がともにある人生を送りたいものです。

人間らしく生きるためのサムシング・グレイト

アメリカに赴任していた三〇代の頃、穀物相場で五〇〇万ドル近い含み損を出したことがあります。当時の会社の税引き後利益に匹敵する額でした。当然、クビを覚悟して辞表も書きました。

しかし、死に物狂いで努力して相場の真髄に迫ろうとしたときです。状況が一変し、含み損が解消されました。その時、私は人間の力を超えた存在がなければ、この現象は説明ができないように感じました。不良資産一括処理の際のV字回復のときもそうでした。

「人間の力を超えた存在」といっても、私は無宗教なので、特定の神でも仏でもありません。「サムシング・グレイト」とでも呼ぶべき何かです。それは何か。わからないから「サムシング＝何か」です。

その「崇高な何か」は人によって違います。私の場合、幼いころに言われた「お天道様が見てござる」の「お天道様」なのかもしれません。もちろん、科学的ではありません。私はそれを「自分以外のすべての人間」だと思ってきました。

誰も見ていないから悪いことをしがちなのが人間です。しかし、誰も見ていないことはない。自分以外のすべての人間が無意識のうちに自分を見ている。だから悪いことをしてはいけない。そう信じて、決して嘘をつかず、誠実に、一所懸命に努力する。

奇跡のような出来事は、それに対して「サムシング・グレイト」からもたらされるご褒美なんじゃないか。だから「清く正しく美しく」生きようとすることの意味は、やっぱりあるんじゃないか。それが人生の至福というものだ。

「社長って何だ」

社長は人間です。しかも、みなさんが考える以上に動物に近い人間かもしれません。つまり普通の人よりも自己中心的で、貪欲で、スケベで、つまりは最も人間らしい、人間の本性がはっきりと表れる存在なのかもしれません。

だからこそ、社長は「動物の血」を制御する倫理観や正義感を人一倍学び続けることが大事になるのです。そうでなければ、人間社会はジャングルと同じような弱肉強食の世界になってしまいます。

その「動物の血」を抑えるものこそがサムシング・グレイトです。「人間の力を超えた何か」があることを信じることができるからこそ、人間は人間らしく生きていけるように思われます。

おわりに――社長の器以上に会社は大きくならない

最近の日本の企業を見ていると、目を引くような新しいもの、未来への投資がありません。年間何千億円という利益を出しながら、投資額はせいぜい一〇億とか二〇億にとどまっているケースが多すぎます。

会社にとって大事なのは、これから需要が高まる新しい事業に投資して、利益を生み出していくことです。あるいは大きな構想のなかで、将来に向けて会社を大きく動かすような新しい設備や人材に夢をもって投資していくことです。

そのなかで日本の企業が抱える最大の問題は危機意識の欠如です。現状のままでも十分生きていけることに安住し、新しい領域に自ら乗り込んでいくような野心的、情熱的な動きがなかなか見られません。

危機意識が欠けている元凶はやはり経営者の横並び意識でしょう。隣や自己を気にかけて、利益にしても売り上げにしても、「隣に勝てばいい」「周りより上なら良し」と目線が低くなっています。「業界や自分の世界」というちっぽけな心構えで、自らの会社、ひいては日本経済が良くなるはずがありません。

多くの経営者が会社経営を「海図なき航海」などと表現します。嵐の中を目的地もわからずに漂流しているというわけです。しかし経営に海図など最初からありません。ノーベル経済学賞を受賞したダニエル・カーネマンは「経営者は自ら嵐の海を進む船長である」と言いました。そう、経営者は荒波の中、目的地を定めて自ら舵を切らなければならないのです。

社長は「自分の器」以上に会社を大きくできません。社長の器が大きければ、それだけ大きな事業を考えるように思えます。大きな器を持った社長がもう少し出てきてほしいと思うのは欲張りでしょうか。

日本の政治も同様です。国として将来に向けて打ち出す新たな政策がないため、国民が未来に夢や希望を持てずにいます。大きな目標や構想もなく、将来の国家の姿を忘れ、直近の政局と政争に終始しているようでは、政治家の器も小さくなったということです。隣のグループ（派閥）ばかり気にかけるのはもうやめて、日本の将来に目を向けてはどうでしょうか。世界の風に当たり、日本の立ち位置を肌で感ずれば、もはや安穏としてはいられないはずです。

今、地球そのものが危機に直面しています。人口増加による食糧危機、水資源の不足、自然災害の急増。一方、日本は人口減少、少子高齢化が急激に進み、日本社会の構造そのものが予想以上に速いスピードで劇的に変わろうとしています。そうした将来への不安感、リーダー、政府への不信感も世の中を覆っています。

もはや目先の経済指標や政局の動向に踊らされている場合ではありません。二〇年後、五〇年後、世界はどうなっているのか。そのなかで日本はどの方向に向かって進んでいるのか。これから世界の中で日本が人々から尊敬され、信頼される国になるためには何をすればいいのか。

答えは一つではないかもしれません。社長・リーダーは何者だと言われる前に、目先のことばかりでなく、国の将来、国の姿を忘れることなく、情熱と意欲、大きな心と志をもって正面から挑戦することです。その歩みは小さくても大きくても構わない。今日から目線を高くして、社長、リーダー自らがまず、今までやったことのない何か新しい一歩を踏み出す勇気を持って決断し、実行することです。GO！

最後になりましたが、本書の完成にはフリーライターの片岡義博氏、メディアプレスの岡村啓嗣氏、講談社学芸部の丸山勝也氏のご支援をいただきました。心から感謝申し上げます。

二〇一九年一一月

丹羽宇一郎

講談社現代新書　2552
社長《しゃちょう》って何《なん》だ！
二〇一九年一二月二〇日第一刷発行　二〇二〇年一月一四日第三刷発行
著　者　丹《に》羽《わ》宇《う》一郎《いちろう》　
発行者　渡瀬昌彦
発行所　株式会社講談社
東京都文京区音羽二丁目一二―二一　郵便番号一一二―八〇〇一
電　話　〇三―五三九五―三五二一　編集（現代新書）
〇三―五三九五―四四一五　販売
〇三―五三九五―三六一五　業務
装幀者　中島英樹
印刷所　株式会社新藤慶昌堂
製本所　株式会社国宝社
定価はカバーに表示してあります　Printed in Japan

N.D.C.335　233p　18cm
ISBN978-4-06-517373-2

「講談社現代新書」の刊行にあたって

教養は万人が身をもって養い創造すべきものであって、一部の専門家の占有物として、ただ一方的に人々の手もとに配布され伝達されうるものではありません。

しかし、不幸にしてわが国の現状では、教養の重要な養いとなるべき書物は、ほとんど講壇からの天下りや単なる解説に終始し、知識技術を真剣に希求する青少年・学生・一般民衆の根本的な疑問や興味は、けっして十分に答えられ、解きほぐされ、手引きされることがありません。万人の内奥から発した真正の教養への芽ばえが、こうして放置され、むなしく滅びさる運命にゆだねられているのです。

このことは、中・高校だけで教育をおわる人々の成長をはばんでいるだけでなく、大学に進んだり、インテリと目されたりする人々の精神力の健康さえもむしばみ、わが国の文化の実質をまことに脆弱なものにしています。単なる博識以上の根強い思索力・判断力、および確かな技術にささえられた教養を必要とする日本の将来にとって、これは真剣に憂慮されなければならない事態であるといわなければなりません。

わたしたちの「講談社現代新書」は、この事態の克服を意図して計画されたものです。これによってわたしたちは、講壇からの天下りでもなく、単なる解説書でもない、もっぱら万人の魂に生ずる初発的かつ根本的な問題をとらえ、掘り起こし、手引きし、しかも最新の知識への展望を万人に確立させる書物を、新しく世の中に送り出したいと念願しています。

わたしたちは、創業以来民衆を対象とする啓蒙の仕事に専心してきた講談社にとって、これこそもっともふさわしい課題であり、伝統ある出版社としての義務でもあると考えているのです。

一九六四年四月　野間省一

哲学・思想Ⅰ

世界史Ⅰ